# COSA CI FA STARE BENE NELLA VITA QUOTIDIANA

Di Anselm Grün presso le nostre edizioni:

*La felicità in un istante*
*Illumina i nostri cuori*
*Guidare le persone, risvegliare la vita*
*Perché la tua vita respiri la libertà*
*Cosa ci fa stare male, cosa ci fa stare bene*
*Il piccolo libro della vera felicità*
*La gioia dell'abbandono*
*Come curare le ferite dell'infanzia*
*Trasformare le ferite in perle*
*Lavoro e preghiera*
*Ma cosa ho fatto di male?*
*Una cosa sola con Dio*
*Saper dire la verità*
*Aprirsi al mistero*
*La saggezza dei Padri del deserto*
*Dio non ti lascia mai solo*
*Guarire con la natura*
*Dio, se ci sei*
*L'angelo della semplicità*
*Tu sei prezioso per me*
*Il piccolo principe per grandi e piccini*

Tutte le nostre novità su:
Gribaudi Spiritualità e Religione
@GriReligione
www.gribaudi.it

Piero Gribaudi Editore srl
Via C. Baroni, 190
20142 Milano
Tel. 02-89302244 – Fax 02-89302376
e-mail: info@gribaudi.it

Anselm Grün

# COSA CI FA STARE BENE NELLA VITA QUOTIDIANA

Più di 30 modi
per rendere la vita più leggera

A cura di Rudolf Walter

Gribaudi

20142 Milano – Via C. Baroni, 190

Titolo originale dell'opera:
*Was im Alltag gut tut*
Edited by Rudolf Walter


Traduzione di Paola Florioli

ISBN 978-88-6366-384-6

*Prima edizione: settembre 2022*

Copertina di Ideaesse
Fotocomposizione e stampa:
Grafiche VD – Città di Castello (Pg)

# Introduzione

Quando si conclude uno dei corsi che tengo in abbazia, spesso i partecipanti mi chiedono: "È stato molto bello stare qui, e ci ha fatto davvero bene. Ma come facciamo a riportare anche nella vita di ogni giorno tutto quello che abbiamo vissuto insieme?" Altri raccontano della loro esperienza passata, una volta rientrati a casa: "Una volta tornato a casa, in brevissimo tempo torno a essere vittima del solito stress. I figli hanno continue richieste, il lavoro mi assorbe completamente, e ben presto mi ritrovo catturato nel vecchio tran tran quotidiano. È come la ruota di un criceto. Mi piacerebbe molto liberarmene definitivamente, ma come si fa?"

Le mie risposte vanno in due direzioni. Innanzitutto do questo consiglio: "Non cercare di fare troppe cose. Se ti metti in testa di fare un sacco di cose, finirai per non combinare niente". Non amo parlare di buoni propositi. Tutti conoscono il detto: "Di buone intenzioni è lastricato l'inferno". Io preferisco parlare di esercizi. E per me è sufficiente l'impegno a provare con un unico esercizio per le successive due settimane. Già questo può trasformarci. L'insegnante di meditazione Karlfried conte Dürckheim – all'inizio degli anni Settanta sono stato un paio di volte ospite nel suo centro di meditazione a Todtmoos-Rütte – amava raccontare di un tizio svedese piuttosto alto che non riusciva ad accettare la sua statura fisica. Non aveva una forma, un centro. Non si sentiva a suo agio con se stesso. Gli pareva di essere come senza contorni. Dürckheim affidò a quest'uomo un compito specifico: ogni giorno doveva mettersi ben dritto e immaginarsi di essere un albero solidamente radicato nel terreno, con una bella chioma svettante verso l'alto. Lo svedese gli diede retta e fece ogni giorno questo esercizio. E quando l'anno successivo tornò a Rütte, era completamente trasformato. Aveva ritrovato se stesso, la propria forma e il proprio centro.

In questo libro descrivo alcune modi per trasformare a poco a poco non solo il quotidiano, ma anche se stessi nella vita di tutti i giorni. Trasformarsi richiede tempo, lo vediamo anche nella natura: un albero ha bisogno di tempo per affondare le sue radici nel terreno e acquistare solidità. Un fiore cresce lentamente, si sviluppa piano piano. Anche la nostra trasformazione deve essere graduale. Le modalità che espongo, perciò, non sono espedienti veloci per riuscire a gestire il quotidiano. Sono esercizi, percorsi che possiamo intraprendere. E solo se li seguiamo con costanza qualcosa in noi si trasforma. Ma i percorsi proposti non sono adatti a tutti. E neppure sono adatti a ogni tempo. Leggendo questo libro, cerca di capire quale percorso hai voglia di sperimentare tu, quale ti ispira di più in un dato momento, quale ti incuriosisce maggiormente. Una volta scelto, esercitati ogni giorno, regolarmente, almeno per un paio di settimane. Allora vedrai che cosa si sta trasformando in te. Successivamente potrai sceglierne uno diverso e passare a un altro esercizio.

Ed ecco la seconda risposta che do ai miei partecipanti: "Scegli un rituale che ti piacerebbe seguire ogni giorno. I rituali sono un modo per far entrare concretamente la fede nella tua vita quotidiana. Tanti si lamentano che fede e vita quotidiana corrono su due binari diversi, e che la fede non riesce davvero a segnare la vita quotidiana. Tuttavia non ha molto senso ripromettersi semplicemente di vivere la vita di ogni giorno partendo da un punto di vista di fede, magari cercando di pregare di più, di meditare di più. È troppo astratto. Ma un rituale che compio ogni giorno può essermi di aiuto nel porre Dio davanti a me; mi ricorda che mi trovo davanti a Dio. Ed è il rituale a strutturare la mia giornata, a conferirle una certa dimensione. I greci affermano infatti che i rituali creano uno spazio sacro. Sacro è qualcosa che è sottratto al mondo, qualcosa su cui il mondo non ha alcun potere. Il tempo sacro che il rituale mi concede appartiene solo a me. Mi regala la sensazione che in questo momento sono proprio io a vivere. Non sono condizionato dalle aspettative e dalle pretese della vita quotidiana. Sono libero di essere me stesso, sono in relazione con Dio. Sono sostenuto da lui.

In questo libro, dunque, descriverò non solo più di 30 percorsi che potremmo provare a sperimentare per rendere più leggero il nostro quotidiano, ma anche i rituali legati a tali percorsi. Non cercare di metterli subito in pratica tutti! Anche qui vale l'indicazione precedente: scegli un rituale che ti ispira e cerca di metterlo in pratica per un paio di settimane. Ti accorgerai da solo se è quello adatto a te e se ti aiuta a trasformare te stesso e il tuo quotidiano.

Tutti questi esercizi hanno una cosa in comune: praticandoli, reagisco attivamente alla situazione che sto vivendo. Spesso mi capita di sentire persone che si lamentano perché fanno tanta fatica a vivere. È vero: le loro difficoltà sono reali. I problemi non possono essere semplicemente rimossi, non si può far finta che non esistano. Ma dipende sempre da noi in che misura ci lasciamo condizionare dai problemi e se reagiamo attivamente. Non siamo indifesi, abbandonati alla mercé delle difficoltà che la vita ci riserva. C'è pur sempre uno spazio libero in cui possiamo prendere in mano la nostra vita e cercare di modellarla. Certo, non possiamo cambiare tutto. Ma se scegliamo una strada concreta, offriamo una risposta allo stress che ci opprime, alla spossatezza che talvolta proviamo, ai problemi che ci piombano addosso. In questo libro vorrei proporre e descrivere queste strade concrete.

E dunque non metterti a leggere questo libro come se tu dovessi di botto rivoluzionare tutto, esponendoti a una pressione diversa ma altrettanto pesante. Leggi i vari capitoli e lasciati guidare dalle sensazioni che provi. Se un certo esercizio o un dato rituale ti ispira, ti mette voglia di provare o desta la tua curiosità, comincia da lì: prova e stai a vedere cosa succede. Personalmente, ti auguro di vivere con gioia e creatività i momenti che dedicherai agli esercizi, consapevole della benedizione di Dio che è all'origine di ogni trasformazione.

# Affronta serenamente il mattino
# Ogni inizio è buono

A proposito dell'inizio, mi vengono in mente due detti: "Il difficile sta nel cominciare", e poi quello di Hermann Hesse, "In ogni inizio è insita una magia". Nella tensione tra questi due atteggiamenti si colloca spesso anche l'inizio di ogni nuovo giorno. Appena la sveglia suona, c'è chi pensa: "Ah, se potessi restarmene a letto ancora un po'. Ho ancora tanto di quel sonno". E invece il pensiero corre subito a tutto quello che lo aspetta nella giornata che ha davanti. Il più delle volte questi percepiscono il giorno che sta per iniziare come un peso che grava sulle loro spalle. Per loro, l'inizio della giornata è un momento difficile.

Altri invece si alzano subito dopo che la sveglia ha suonato, spalancano la finestra e respirano l'aria fresca del mattino che li avvolge. Alcuni allargano le braccia per salutare così il nuovo giorno. Potrebbero sottoscrivere l'affermazione di Hermann Hesse, perché per loro il nuovo giorno porta con sé qualcosa di magico. Sentono che può offrire l'opportunità di un nuovo inizio. Ciò che era ieri non ha più molta importanza. Affrontano la nuova giornata pieni di fiducia e di rinnovata energia. Guardano con gioia e trepidazione ciò che li aspetta. E al tempo stesso sentono di non essere da soli ad affrontare la giornata, perché la benedizione di Dio li accompagna.

"Affronta serenamente il mattino": è più facile dirlo che metterlo in pratica. Non posso costringermi a provare gioia. Non posso essere sereno a comando. Tuttavia sono libero di decidere come vivere oggi la mia vita. Spetta a me decidere quali "occhiali" mettere sul naso. Posso affrontare la giornata con le lenti scure, ma allora tutto mi apparirà difficile e tetro. Del lavoro vedrò solo la mole che mi aspetta, e per quanto riguarda la mia professione o la mia famiglia, mi sentirò schiacciato dai problemi da risolvere. Oppure, al contrario, posso decidere di mettere occhiali dalle lenti chiare: allora vedrò solo ciò che Dio oggi mi chiede di fare, i compiti che mi affida. Però affronto tutto con fiducia, perché non devo fare tutto da solo, ma sono accompagnato dalla grazia di Dio e dalla sua benedizione. Se affronto la giornata con questo tipo di occhiali, anche il mio stato d'animo cambierà e diventerò intimamente più lieto, più sereno.

Esiste anche un modo diverso per affrontare il giorno con una disposizione d'animo positiva. Ognuno di noi dentro di sé ha sempre presenti due poli e due sentimenti: la tristezza e la gioia, la pesantezza e la leggerezza, la paura e la fiducia. Anche qui la mia libertà è assoluta: al mattino, quando mi sveglio, posso decidere consapevolmente di essere gioioso. Certo non vuol dire che devo reprimere i miei sentimenti negativi. Lascio spazio anche a loro. Ma dentro di me percepisco anche la libertà di poter scegliere la gioia. Così riesco a gustare anche il tempo che dedico ad alzarmi, lavarmi, vestirmi e fare colazione: diventa uno spazio per prendere fiato, un dono della vita.

### Rituale: *Inizia la giornata con una benedizione*

Dopo esserti alzato, dai inizio alla tua giornata con un gesto di benedizione: mettiti dritto in piedi e stendi le mani per benedire. Immagina che attraverso di esse la benedizione di Dio fluisca verso i membri della tua famiglia. La benedizione di Dio avvolge ciascuno di loro come un manto protettivo. Poi puoi provare a immaginare che oggi la benedizione di Dio ti accompagni in ogni momento e in ogni passo che farai. In questo modo andrai incontro al giorno senza alcuna paura, perché non sei da solo. La benedizione di Dio ti accompagnerà ogni volta che incontrerai qualcuno, nei colloqui che farai, nei conflitti che dovrai affrontare, nel lavoro da svolgere. È un pensiero che ti rende libero da ogni preoccupazione. E così, forse, a un certo momento la serenità sgorgherà da sola dentro di te.

## Affronta ciò che ti aspetta: "Prendi il tuo lettuccio e cammina!"

La difficoltà nasce non solo all'inizio di un nuovo giorno, quando non sai ancora cosa potrà capitarti. E neanche quando ci sono decisioni importanti da prendere. Ho conosciuto molte persone che si sentono in difficoltà anche quando devono prendere le decisioni più banali. Per esempio al mattino quando si alzano e se ne stanno davanti all'armadio, incerte su quale vestito mettersi e preoccupate per il giudizio degli altri. Si tratterà di un incontro informale, o sarà una cosa ufficiale? Cosa penseranno gli altri vedendomi con questo abito, con questi pantaloni? Che tipo di regalo sarà adatto? Se mi presento con questo regalo darò nell'occhio? E poi, ci si aspetta davvero che io porti un regalo? E così, per colpa di tutto questo arrovellarsi, l'invito a una festa diventa fonte non tanto di gioia quanto di fatica interiore.

In situazioni come questa io consiglio sempre di ripetersi le parole che Gesù ha rivolto al paralitico alla piscina di Betesda: "Alzati, prendi il tuo lettuccio e cammina!" (Gv 5,8). Tutti ci alzeremmo subito in piedi se potessimo dire: ho piena fiducia in me stesso, ne ho la forza, so perfettamente quello che devo fare. Ma Gesù rivolge queste parole a un paralitico, inchiodato al suo lettuccio. Lo invita ad alzarsi, malgrado la sua evidente debolezza. E dunque, queste parole per me assumono un significato preciso: devo smetterla di arrovellarmi. Devo alzarmi e – per così dire – prendere sotto il braccio tutti i miei lambiccamenti. Il lettuccio del paralitico è il simbolo di tutti i miei dubbi, dei miei ripensamenti. Non devo più stare lì ad arrovellarmi. Prendo sotto braccio tutte le mie insicurezze e le mie inibizioni, e inizio a camminare, molto semplicemente. Riprendendo l'esempio di cui parlavo sopra, indosso esattamente la prima cosa che mi viene in mente. E non perdo tempo a rimuginare su quello che potrebbero pensare gli altri, su come potrebbero trovarmi. Oppure scelgo decisamente un capo che so che mi sta bene e che lancia un messaggio preciso: sono fedele a me stesso. La decisione è presa: oggi indosserò quest'abito che mi piace tantissimo e che conferirà una luce positiva a tutta la mia giornata.

Le parole di Gesù hanno aiutato anche me in più di un'occasione, ad esempio durante i miei corsi, quando sono tanti i pensieri che mi assalgono: quale esercizio sarà meglio fare con questi partecipanti? Cosa piacerà di più a loro, cosa sarà più adeguato a questa sessione? Prima tutte queste considerazioni mi portavano via molta energia. Oggi entro semplicemente in sala conferenze ripetendomi le parole di Gesù: "Alzati, prendi il tuo lettuccio e cammina!" Poi faccio ciò che mi viene in mente in quel momento, e va sempre bene. Infatti le persone non si accorgono affatto della mia insicurezza. Anzi, sono convinte che sia un atteggiamento voluto. Da parte mia, mi affido in tutto e per tutto a ciò che mi viene spontaneo fare, e le parole di Gesù me ne danno conferma. Quando il mio editore mi chiede un nuovo libro, spesso ho la sensazione che non mi venga in mente nulla. Le poche idee che mi girano in testa non bastano per scriverci un libro. Faccio molta fatica ad iniziare. Poi mi ripeto ancora una volta "Alzati, prendi il tuo lettuccio e cammina!", e mi metto semplicemente all'opera. E all'improvviso, ecco che le idee scorrono e il libro prende forma. Le parole di Gesù mi aiutano a vincere la resistenza che sentivo dentro di me.

Sono parole che possono essere di aiuto in tante altre situazioni. A volte, quando affrontiamo un nuovo lavoro siamo colti da mille dubbi: ce la farò? Avrò la forza necessaria, troverò la soluzione per questo o quel problema? Tante persone sprecano molta energia per cercare di capire se un lavoro è adatto a loro o se sarà troppo difficile. In queste situazioni, le parole di Gesù possono aiutare a prendere tutte le preoccupazioni, metterle sotto braccio come il lettuccio del paralitico e a mettersi a fare semplicemente ciò che va fatto. Quanto più ci arrovelliamo su un compito che ci aspetta, tanto maggiore sarà la fatica di affrontarlo. Le parole di Gesù ci danno il coraggio di superare queste paure e di affrontare il compito che ci è assegnato. Non solo la mattina, all'inizio di una nuova giornata, ma in particolare proprio in quel momento.

**Rituale:** ***Una riflessione mattutina***

Prima di andare a fare colazione, fermati a riflettere: cosa mi aspetta oggi? Quale lavoro dovrò svolgere? Quali problemi andranno risolti? Quali conflitti dovrò affrontare oggi? Poi raffigurati il paralitico di Gv 5: si lamenta perché nessuno ha tempo per lui, nessuno lo capisce, è abbandonato a se stesso e per lui la vita è veramente dura. Tutti gli altri hanno una vita più facile. Magari anche tu vorresti lamentarti come lui perché tocca sempre a te risolvere i problemi, perché gli altri nutrono grandi aspettative nei tuoi confronti mettendoti sempre sotto pressione, perché ti senti affannato, incapace di riuscire a fare tutto. A questo punto prova a inserire in questa sequela di lamentele le parole di Gesù: "Prendi il tuo lettuccio e cammina!" Ripeti più volte a te stesso queste parole e lasciale entrare nel tuo cuore, sempre più in profondità. Lasciale riemergere durante il giorno nelle varie situazioni che ti troverai ad affrontare e in cui ti sentirai in difficoltà. Forse così riuscirai ad affrontare la giornata con più leggerezza e più energia.

# Affronta la giornata con tutti e cinque i tuoi sensi
# Assapora la vita

La vita mi aspetta, ogni giorno. Ogni nuovo giorno è un invito ad approfittarne davvero. In estate, quando dopo la preghiera delle 5,45 passeggio lungo il viale del ruscello che scorre nella zona della clausura, cerco di percepire la natura con tutti e cinque i sensi. Sento sulla pelle il fresco del mattino. Ne colgo il profumo. È diverso da quello della sera. Ogni ora del giorno ha un suo profumo, un suo sapore. Per me gli odori sono sempre legati a dei ricordi. Quando sento profumo di fieno, torno con la memoria alla mia prima vacanza da bambino. La fragranza del fieno mi ricorda il senso di libertà e vastità che provai allora.

E poi guardo. Guardo gli alberi, la foschia che sale dai campi, guardo il sole sempre più alto all'orizzonte. E mentre guardo, non osservo: al contrario mi abbandono totalmente al puro guardare, sono puro sguardo. I greci hanno messo in relazione il guardare con l'esperienza di Dio. "*Theos*" (= Dio) deriva da "*theastai*" (= guardare). Ovviamente i greci sapevano che Dio non può essere guardato direttamente. Ma se mentre guardo dimentico me stesso, allora vedo il mistero di Dio in tutto ciò che è. Evagrio Pontico, mistico tra i primi monaci, parla di "*theoria physike*". Con questo concetto intende la mistica della natura. Io guardo gli alberi e i fiori, il paesaggio – e in ogni cosa vedo la presenza di Dio. Contemplo la bellezza di Dio, la sua tenerezza, la sua forza, il suo amore, la sua vitalità.

Durante la mia passeggiata mattutina lungo il viale mi immergo nell'ascolto. Ascolto il canto degli uccellini e il leggero frusciare del vento tra le foglie degli alberi. E ascolto il silenzio. Il cinguettio degli uccelli e il gorgoglio del ruscello non disturbano il silenzio, ma anzi lo rendono ancora più udibile. L'udito è un senso trascendente. Coglie sempre anche ciò che non è udibile. Già nel V secolo a.C. il filosofo greco Pitagora aveva udito il suono celestiale del cosmo. Egli parla di armonia delle sfere, che riusciamo a percepire quando ci immergiamo nell'ascolto. Ciò che Pitagora aveva intuito, è stato poi riscoperto dalla fisica moderna. Il suono è ovunque. Se ascolto con estrema attenzione, appartengo anch'io a ciò che sto ascoltando. Il filosofo Martin Heidegger sostiene che l'ascolto porta alla *Geborgenheit* [concetto intraducibile che significa non soltanto sicurezza e invulnerabilità, ma implica anche affetto, calore, pace e serenità, ndt].

Quando percorro il bel viale che costeggia il ruscello, cercando di mettere in campo tutti e cinque i sensi, mi accorgo di quanto sia rigenerante camminare così. Rientro in abbazia ricolmo di vitalità, pieno di nuovo gusto interiore per la vita. Ho potuto guardare dentro di me.

Dopo questa passeggiata solitamente celebriamo insieme l'eucarestia. E durante la celebrazione rimango in questa condizione di chi guarda e ascolta. Ed è allora che nel canto gregoriano della liturgia riesco a percepire ciò che non è udibile: è Dio stesso che si fa sentire da me. E nella contemplazione dell'ostia consacrata capisco che tutta la creazione è pervasa dalla presenza di Cristo.

### Rituale: *Occhi per la presenza di Dio*

Récati in un luogo immerso nella natura, nel quale ti senti a tuo agio. Per prima cosa chiudi gli occhi e cerca di sentire il vento sul tuo viso, come ti accarezza dolcemente o come soffia impetuoso. Poi riapri gli occhi e guardati semplicemente intorno. Non giudicare ciò che vedi, ma immergiti completamente nella visione. Diventa una cosa sola con ciò che stai vedendo. E immagina che in ogni cosa che guardi è lo spirito invisibile di Dio che vedi, lo spirito che ha creato tutto ed è in tutto. E poi chiudi nuovamente gli occhi, per concentrarti completamente nell'odorato: che fragranza riesci a percepire? Quali sensazioni si ridestano in te, quali ricordi riemergono dalla tua infanzia? Quindi riapri nuovamente gli occhi e resta per un attimo immobile. Ti trovi in mezzo alla natura, sei alla presenza di Dio. La sua presenza benevola ti sfiora, ti riscalda, ti accarezza e ti lascia un buon sapore.

# Buoni propositi
# Come metterli in pratica

Per motivi di salute, di alimentazione, di convivenza o di abitudini varie... molte persone fanno buoni propositi, e non solo in tempo di quaresima. Si ripromettono di mangiare di meno, di non sparlare degli altri, di astenersi dai pettegolezzi. Ma dopo soli pochi giorni hanno l'impressione di non riuscire a mantenere i buoni propositi. Attribuiscono questo fallimento alla loro mancanza di disciplina, alla scarsa volontà. Lo stesso vale per altre abitudini quotidiane: partiamo con tanti buoni propositi, ma poi non sempre riusciamo a mantenerli. Questo provoca frustrazione e brucia energie. Come possiamo evitarlo?

La psicologia comportamentale afferma che il fatto di riuscire o meno a mettere in pratica un certo proponimento non dipende tanto dalla forza di volontà quanto dall' intelligenza. E qui, in relazione ai miei proponimenti, intelligenza significa capire cosa posso e voglio davvero ottenere. Non è saggio desiderare di tacitare la cattiva coscienza grazie ai buoni proponimenti. E non è saggio puntare a obiettivi solo astratti. Per questo motivo personalmente preferisco parlare non tanto di proponimenti, quanto di programma di esercizi. Questo presuppone esercizi concreti e programmi di training. Il proponimento di mangiare di meno durante la quaresima è talmente astratto, da essere destinato al fallimento. Tuttavia posso pensare a un esercizio concreto, come ad esempio mangiare solo un panino a cena invece di due, oppure mangiare solo insalata o frutta. Posso provarci per una settimana. Se l'esercizio ha successo, posso proseguire. Ma se fallisce, ha poco senso prendermela con me stesso, ripetendomi il solito ritornello: "Non ce l'hai fatta neanche stavolta". Autoaccusarsi non produce altro che una cattiva coscienza. E una cattiva coscienza non è certo una fonte di energia da cui attingere. Al contrario, mi porta via energia. È molto meglio riconoscere con se stessi di non avercela fatta. E perché non ci sono riuscito? Il proponimento era troppo poco realistico? Dovevo forse formularlo con maggiore prudenza? Oppure si è trattato di negligenza? Cosa potrebbe aiutarmi ad essere più attento la settimana prossima? E soprattutto: come rendere realistici gli obiettivi?

Ciò che io ho descritto qui vale per tutti i proponimenti e per tutti i programmi di allenamento. Ogni sportivo deve controllare di tanto in tanto la propria scheda di allenamento per verificare se ci sono stati dei miglioramenti o se è diventata pura routine. E deve capire se il programma è realistico. Sono realistici gli obiettivi concreti che posso controllare per capire se sono in grado di raggiungerli o meno. Se non ci sono riuscito, ciò non significa che non ha senso provarci.

Al contrario, è opportuno fermarsi un attimo e chiedersi cosa potrebbe aiutare a svolgere il programma. Devo pormi obiettivi meno ambiziosi? Oppure ho bisogno di una motivazione più forte? O ancora, c'è un amico o un'amica che potrebbe aiutarmi rivedendo insieme il programma che mi ero posto?

Ai suoi monaci, san Benedetto consigliava di formulare per iscritto un programma per il periodo della quaresima, da discutere poi insieme all'abate o alla propria guida spirituale. Se c'è un'altra persona che conosce gli impegni che mi sono preso, diventa anche questo un impulso per cercare di raggiungere gli obiettivi. "Controllo sociale" non è certo una bella parola, ma esporre a un'altra persona i miei obiettivi e discutere con lei il loro raggiungimento o meno è comunque un aiuto a perseverare.

### Rituale: *Porsi obiettivi ragionevoli*

Pensa a come ti piacerebbe iniziare la giornata. Vorresti avere qualche momento per meditare, o dire una preghiera, oppure fare una passeggiata mattutina, oppure leggere un brano biblico da meditare e farti accompagnare da esso per tutta la giornata? Pensa bene a cosa avrebbe senso per te. È ragionevole ciò che è adeguato alla realtà, ciò che è realistico e realizzabile. È sensato ciò che non richiede uno sforzo particolarmente pesante. Se al mattino vorresti assolutamente alzarti prima, ma svegliarti presto ti costa decisamente troppo, allora non ha senso. E dunque pensa a ciò che potrebbe avere senso per te. E poi prova a mettere in pratica ciò che ti sei ripromesso.

Dopo una settimana sarai in grado di tirare le somme. Ma se non sei riuscito a mantenere l'impegno preso, non prendertela con te stesso. Piuttosto chiediti perché non ce l'hai fatta. E per la settimana successiva rifletti bene su quale potrebbe essere una possibilità più realistica per iniziare la giornata.

# La vita è sempre adesso
# Sii presente nell'attimo

Se ci osserviamo con attenzione, ci accorgiamo che con il pensiero siamo sempre immersi nel passato o nel futuro. Ci arrovelliamo per capire se in passato ci siamo comportati bene, o rimuginiamo su vecchie ferite che non vogliono guarire. Oppure lasciamo che i pensieri ruotino tutti attorno al futuro: cosa ci attende?

Spesso davanti al futuro ci coglie l'ansia. Chissà cosa potrebbe succedere? In tempo di crisi – l'esperienza del Covid19 ce lo ha insegnato – molti si chiedono se nella loro vita dovranno sempre fare i conti con eventi così drammatici.

Se ci sorprendiamo a pensare continuamente al futuro, sarà bene tenere a mente questo: non dipende da me ciò che accadrà domani, l'anno prossimo, in un lontano futuro. E quindi non vale la pena starci su troppo a pensare. Io vivo adesso, calato nel momento presente. Se invece ci accorgiamo che i nostri pensieri tornano costantemente ad avvenimenti del passato – a ferite che ci portiamo dietro, ma anche a belle esperienze vissute con altre persone –, dovremmo provare a smettere di ripensare a ciò che è stato. Io sto vivendo adesso, in questo momento. E devo cercare di essere completamente presente nel qui e ora, calandomi nella realtà che sto vivendo in questo momento.

Uno degli ambiti in cui tante persone non vivono nell'attimo presente è il lavoro. C'è chi ripensa al duro lavoro svolto in passato. Oppure hanno in mente solo il futuro: cosa penserà il capo del lavoro che sto facendo? Come giudicano i colleghi il mio lavoro? Ho costantemente paura di ciò che gli altri potrebbero pensare di me e del mio lavoro. Tutto preso da pensieri come questi, sono incapace di concentrarmi davvero sul lavoro.

Per san Benedetto, lavoro equivale a dedizione. Mi voto interamente al lavoro che sto svolgendo, mi concentro su di esso, mi dedico completamente ad esso. Ma non lo vivo con la tensione di chi vuole far colpo sugli altri col lavoro che svolge. Mi sento libero di abbandonarmi al lavoro. Così sono perfettamente calato nel momento presente. E il lavoro non mi pesa più. Sono libero da me stesso, dal mio Ego. Non è difficile capire quando una persona si concentra completamente sul lavoro che sta svolgendo, dimenticandosi di se stessa e del proprio Ego, o quando nel lavoro cerca di mettersi in mostra e di far colpo sugli altri. In questo secondo caso, trasmette sempre un senso di aggressività e di irrequietezza. E non è veramente calata nell'attimo che sta vivendo. È solo ansiosa di conoscere come sarà giudicato in futuro il suo lavoro.

Quando conversiamo con qualcuno, perché la conversazione sia proficua dobbiamo dedicarci interamente ad essa, calandoci completamente nel momento presente. Il nostro interlocutore si accorge subito se siamo presenti, oppure se siamo assenti, col pensiero al passato o al futuro. Solo se siamo completamente presenti possiamo incontrare davvero l'altro, e questo incontro ci può trasformare.

Oggi è di moda parlare di attenzione. L'attenzione è l'arte di essere completamente calati nel momento che si sta vivendo, concentrati su questo momento, sulla persona con cui sto parlando, sul pensiero che sto elaborando proprio adesso, sul lavoro che sto svolgendo. Nelle aziende vengono organizzati molti seminari sull'attenzione: ovviamente le aziende lo fanno per interesse personale. Infatti, se i dipendenti riescono a porre maggiore attenzione al lavoro che svolgono, il risultato sarà senz'altro migliore. E poi, chi lavora con attenzione consuma meno energia. Dunque è un valido ausilio contro il burnout.

**Rituale:** ***Una cosa alla volta***

Prima di metterti al lavoro, prenditi due minuti di tempo. Immagina: adesso non devo fare assolutamente niente. Sono semplicemente nell'attimo che sto vivendo. Appartiene solo a me. Io vivo in esso. E quando poi vado al lavoro, cerco di essere completamente calato nell'attimo, concentrato sul colloquio che sto facendo, sulla telefonata, sulla mail che sto scrivendo. Non mi lascio mettere sotto pressione mentre parlo, mentre telefono, mentre scrivo. Mi dedico interamente a ciò che sto facendo. Provaci più volte: ti accorgerai di riuscire a tenere sotto controllo la pressione. Allora il tempo non sarà più un fattore di logoramento, ma diventerà un elemento piacevole. Facendo una cosa alla volta, non ti soffermi a pensare a quello che verrà dopo.

# Non evitare i compiti difficili

Molte persone preferiscono evitare problemi e difficoltà. Temono il conflitto. È sempre sgradevole affrontare un conflitto. Ma un conflitto non affrontato non si risolve da solo. Continua a covare sotto la cenere e pesa su di noi. È una cosa normalissima cercare di evitare i conflitti, ma non facciamo un piacere a noi stessi quando ci proviamo. La questione allora è capire che cosa potrebbe aiutarci ad affrontare il conflitto. Il primo passo consiste nel non prenderlo come un'offesa personale: il conflitto c'è, e tanto basta. Devo limitarmi a cercare di inquadrarlo lucidamente chiedendomi: ma in realtà qual è il nocciolo della questione? E poi tentare di parlare con la persona o le persone coinvolte. Devo cercare di affrontarle senza pregiudizi. E ascoltare semplicemente quanto hanno da dire, senza giudicare.

In un secondo tempo possiamo riflettere su come conciliare i diversi interessi, obiettivi o desideri. Può volerci molto tempo prima di trovare un modo. Ma una volta trovato, proviamo un grande sollievo. E riuscire ad affrontare un conflitto con la consapevolezza che i conflitti ci sono ed esistono per essere risolti mi permetterà di fronteggiarlo senza timore e senza sentirmi sotto pressione.

Ma nella vita quotidiana dobbiamo confrontarci con tante altre situazioni difficili. Ad esempio mi rendo conto che è venuto il momento di parlare del futuro con mio figlio, o con mia figlia: per quanto tempo ancora pensano di vivere con noi? E in che misura pensano di poter contare anche in futuro sul nostro sostegno economico? Sono argomenti spinosi. Ma se li evitiamo, dentro di noi crescono l'aggressività e i pregiudizi. Ci viene da pensare che il figlio – o la figlia – se la stia prendendo comoda. Eppure, se affrontassimo l'argomento in realtà si sentirebbero sollevati. Siamo noi a farci degli scrupoli. Forse temiamo che potrebbero reagire male, o fraintendere il nostro pensiero. E quanto più evitiamo di parlarne, tanto più sentiamo il peso della situazione. Ma quando infine troviamo il coraggio di entrare in argomento, spesso ci rendiamo conto che va molto meglio di quanto avremmo pensato. Tuttavia è bene prepararsi a questo discorso fermandosi un attimo in preghiera. La preghiera aiuta a liberarci da pregiudizi e paure.

Un'altra situazione difficile si crea quando ci accorgiamo che così non possiamo più andare avanti. Ad esempio ci rendiamo conto di non avere più l'energia di un tempo. Temiamo che potrebbe dipendere da una malattia che ci rende più deboli, ma preferiamo far finta di niente. Anche in questo caso è necessario trovare il coraggio di andare dal medico e concordare con lui quali passi intraprendere, decidere come andare avanti.

A una certa età molte persone sono costrette a domandarsi come regolarsi con i propri genitori, che diventano sempre più anziani e malati. Come prendersene cura? La moglie può accollarsi il compito di accudire i propri genitori? E il marito come può esserle di aiuto? Spesso preferiamo evitare di farci queste domande. Preferiamo limitarci ad aspettare di vedere come si mettono le cose. A volte questa potrebbe essere anche la strategia giusta, perché non bisogna a tutti i costi anticipare il futuro. Tuttavia dovremmo perlomeno valutare quali possibilità esistono di prendersi cura di genitori che invecchiano e che a breve forse potrebbero aver bisogno di essere accuditi. Anche qui converrebbe parlare con loro, anche se molti arretrano spaventati davanti a questa prospettiva. E prima di intavolare il discorso con i genitori che stanno invecchiando sarebbe opportuno pregare per loro. In questo modo mi risulta più facile parlare con loro in termini amorevoli e premurosi. A loro volta, i miei genitori non vivranno queste mie preoccupazioni come un rifiuto, ma al contrario come una sorta di sfida: riflettiamo insieme sul loro futuro e discutiamo sul modo migliore di affrontarlo insieme.

Non ha importanza quale sia il compito difficile che dobbiamo affrontare: non è mai l'atteggiamento giusto quello di allontanarlo o di far finta di niente. Alcuni sperano che così facendo il problema si risolva da solo. "La notte porta consiglio", suggerisce qualcuno. Ma non è sempre vero. Certo, non dobbiamo risolvere oggi tutti i problemi. Ma non possiamo neanche nascondere la testa sotto la sabbia! I problemi vanno inquadrati e discussi insieme. Solo in un secondo tempo potremo decidere se agire subito o se aspettare e stare a vedere. L'importante è non guardare da un'altra parte, ma considerare lucidamente i compiti più difficili, affrontarli e poi decidere in piena libertà come agire.

### Rituale: *Mettersi sotto la benedizione di Dio*

Ti trovi a dover affrontare un compito difficile, e hai paura di non riuscire a farcela. Non sai se riuscirai a trovare le parole giuste nel colloquio che ti aspetta. E non sai se il tuo progetto andrà in porto, perché sono tanti i fattori da cui dipende e sui quali tu non hai alcun potere. Allora metti te stesso e il compito che ti aspetta sotto la benedizione di Dio. Confida nel fatto che Dio ti benedice, ti suggerisce le parole giuste, le giuste intuizioni per far giungere ogni cosa a buon fine. La sua benedizione ti dà la forza per tener duro quando le difficoltà ti intimoriscono o quando le forze sembrano abbandonarti. E la benedizione di Dio ti mostrerà il cammino quando ti sembrerà di non riuscire più ad andare avanti. Abbi fiducia in lui, la sua benedizione ti rende capace di assolvere il difficile compito. Anche se tu stesso fai fatica a credere in te – la benedizione di Dio può donarti nuove forze per farti portare a termine il compito. E che la benedizione di Dio porti via tutte le tue paure davanti a un compito nuovo. Ti doni fiducia, affinché tu possa metterti coraggiosamente al lavoro.

# Non rinviare nulla, non mollare
# Vedrai che ce la farai

Qualche tempo fa una persona molto impegnata mi ha scritto: "Continuo a rimandare impegni importanti che mi aspettano. E ogni volta mi arrabbio con me stesso. Ma semplicemente non riesco a superare la resistenza che mi impedisce di portare a termine questi compiti. Non è che ho paura di non farcela. Solo che io stesso non capisco cosa sia questa resistenza e come devo fare per superarla".

Chi scrive questa lettera è in buona compagnia, non costituisce certo un'eccezione. Tutti noi siamo inclini a continuare a rimandare ciò che ci risulta sgradevole, e facciamo di tutto per evitare di fare ciò che sappiamo benissimo deve essere fatto. Ma quanto più rimandiamo qualcosa, tanto più forte diventa il suo potere su di noi. Il nostro slogan dovrebbe essere: "Rimandare non serve a niente!"

Non è tutto gradevole quello che ci tocca fare nell'arco della giornata. Chi non ha mai provato la tentazione di lasciar perdere qualcosa? Mi riprometto di riordinare la scrivania, o di affrontare finalmente la dichiarazione dei redditi, poi però trovo sempre qualcosa di più importante da fare. Apparentemente più importante. Oppure dovrei chiarire un certo conflitto, ma preferisco pensare che magari si risolverà da solo. Ma alla fine tutto ciò che abbiamo trascurato di fare finisce per paralizzarci, ci porta via energie che ci servono per impegnarci altrove. È una condizione di cui soffrono molte persone e che ha una definizione precisa: procrastinazione cronica.

Alla persona che mi aveva scritto ho risposto di provare ad interrogare la resistenza che prova: vuole forse farmi capire che la professione che sto svolgendo adesso non è adatta a me? Oppure che momentaneamente non ho la forza per svolgere questo lavoro? O ancora, immagino forse che questo lavoro incombe su di me come una montagna troppo alta da scalare? Allora sarebbe opportuno cercare di dialogare con il senso di resistenza che si prova. Se è evidente che la mia professione mi piace ed è adatta a me, allora forse sarebbe il caso di ammettere che ci sono dei limiti anche alle energie di cui dispongo. Forse dovremmo concederci ogni tanto 15 minuti di pausa per staccare la spina e imporci di non fare assolutamente nulla. Se siamo capaci di fare questo tipo di ammissione, allora tornerà anche la voglia di mettersi al lavoro. Se poi sentiamo che il lavoro è troppo impegnativo e lo vediamo come una montagna invalicabile, allora sarebbe il caso di provare a suddividerlo in tappe successive. Mi ci metto per due ore, e poi verifico quanto sono andato lontano. E domani farò un altro pezzetto di strada. Vedrai che alla fine riuscirai a risolvere tutto.

**Rituale:** ***La forza di farlo adesso: esercizio contro la procrastinazione cronica***

Mettiti un attimo tranquillo e cerca di ascoltare te stesso: cosa ho continuato a rimandare negli ultimi tempi? Qual è il compito che devo svolgere inderogabilmente? Cosa mi impedisce di farlo? Poi immagina come ti sentiresti se tu riuscissi a svolgerlo subito: scrivere la lettera che dovevi scrivere settimane fa, fare quella telefonata così difficile, scrivere quelle benedette relazioni... Come mi sentirei se avessi fatto tutto questo? Assapora fino in fondo la sensazione di aver svolto tutto quanto. E poi poniti questa domanda: quand'è che vorrei scrivere la lettera, fare la telefonata? La cosa migliore è farlo subito. Questo rituale ha lo scopo di aiutarti a trovare la forza per metterti subito all'opera.

# Tenere in ordine fa bene anche alla tua anima

Per san Benedetto il concetto di ordine è fondamentale. Si potrebbe pensare che si tratti di una caratteristica tipica dell'impero romano, dove ogni cosa era organizzata bene. Ma l'ordine che ha in mente Benedetto è qualcosa di più del semplice tenere in ordine qualcosa. Quando dà un certo ordine alla giornata, al lavoro, ai servizi, lo fa allo scopo di rendere più facile e lieve la vita dei monaci. Una buona routine evita i conflitti inutili. Certo bisogna evitare assolutamente di diventare dei fanatici dell'ordine. Ci sono persone la cui abitazione è perfettamente ordinata. Ma è un ordine del tutto asettico. In quella casa non si può respirare, figuriamoci vivere. Spesso i fanatici dell'ordine hanno paura della policromia della vita. Per questo motivo ogni cosa, anche la più piccola, deve avere un suo preciso ordine. E come emerge dalla definizione stessa, il fanatico dell'ordine esprime anche una forte aggressività. I fanatici dell'ordine possono rendere difficile la vita alle altre persone. D'altra parte conosciamo tutti qualcuno che non è per niente ordinato, che non ha una struttura. Per quanto riguarda il disordine esteriore ed evidente, in psicologia si parla di "disposofobia". Il disposofobico trascura completamente la propria casa, la riempie all'inverosimile fino a non avere più lo spazio per muoversi e respirare liberamente. Qui noi stiamo parlando di un ordine giusto, corretto. Dai Padri del deserto possiamo imparare molto a questo proposito. In una sentenza dei padri troviamo scritto: "Se l'uomo si mantiene in ordine, non resterà confuso" (Detti dei Padri, 741)[1]. Cosa può significare questo per noi?

L'ordine esteriore si riflette anche sull'anima dell'uomo. Non solo per chi è in depressione è importante seguire una precisa tabella per organizzare la giornata. Se l'anima di per sé non possiede una struttura solida, l'ordine esteriore può aiutarla a rinforzarsi. Lo ha sperimentato sulla propria pelle anche sant'Antonio Abate, fondatore del monachesimo. Di lui si racconta che "un giorno sedeva nel deserto, di pessimo umore e pieno di pensieri cupi". Si potrebbe dire che era disperato e domandò a Dio: "Cosa devo fare nella mia afflizione? Come posso fare per essere salvato?" E allora venne un angelo del Signore a insegnargli cosa

[1] Vedi in proposito di Grün *La saggezza dei Padri del deserto* (con immagini), Gribaudi.

fare. Nei Detti troviamo scritto: "Poco dopo, alzatosi per uscire, vide un uomo che gli assomigliava. Era lì seduto a lavorare, poi si alzava, pregava e di nuovo si metteva seduto a tessere una corda, per poi alzarsi nuovamente a pregare. Ed ecco, era un angelo del Signore che era stato mandato per correggerlo e rassicurarlo. Sentì quindi l'angelo che diceva: "Fai così e sarai salvo". A quelle parole, Antonio provò una grande gioia e riprese coraggio. E facendo in quel modo trovò la salvezza" (Detti dei Padri, 1).

Nel pieno dell'esperienza di solitudine e monotonia, è un angelo a mostrare come superare la difficoltà: se Antonio saprà rispettare un sano ordine, se alternerà il lavoro alla preghiera, allora troverà la salvezza e guarirà. Un buon ordine esteriore avrà un effetto benefico anche sulla sua anima e sul suo corpo. Non posso sempre solo lavorare, e neanche sempre e solo pregare. Anche per la mia quotidianità è necessario trovare una valida alternanza, per riuscire a dedicarmi con tutto me stesso sia al lavoro sia alla preghiera. Io stesso riconosco che è proprio l'ordine esteriore della mia giornata ad aiutarmi a lavorare efficacemente, senza sentirmi stressato o logorato. L'ordine favorisce la creazione di tempi di silenzio e di preghiera, spazi liberi in cui posso riprendere fiato. Così poi torna la voglia di rimettersi al lavoro.

**Rituale:** ***Niente scuse***

Assumiti l'impegno di compiere una volta alla settimana un rituale legato all'ordine. Scegli tu il momento che ti sembra più adatto. La cosa migliore sarebbe scegliere ogni settimana lo stesso giorno e la stessa ora. In questo modo non potrai trovare scuse. Quindi impegnati per dedicare un'ora a riordinare qualcosa nel tuo appartamento o in camera tua. Può trattarsi della scrivania, o della stanza stessa. Oppure puoi semplicemente riordinare la tua agenda. In un'ora non puoi certo sistemare l'intero appartamento. Ma se riordini un poco alla settimana, sicuramente poi ti sentirai meglio. Non ti troverai più davanti a una mole immensa e disordinata da affrontare, ma ogni settimana ne eliminerai un pezzettino. Oppure potresti anche dedicare quest'ora a riordinare i tuoi pensieri. Su cosa si concentrano principalmente i tuoi pensieri di solito? Rifletti troppo sulle altre persone? Di uno dei primi monaci è scritto: "Ogni volta che rientrava da un incontro, per prima cosa riordinava le idee". Allora anche tu, alla fine della settimana, potresti riordinare i tuoi pensieri, cercando di capire quali pensieri sono affiorati e quali continuano a dominarti.

## Prendi in mano il tuo tempo

Molti si lamentano di non avere tempo, o che il tempo scorre troppo velocemente. Si lasciano prendere dall'ansia per il tempo che passa. I greci avevano due definizioni per il tempo: *chronos* e *kairos*. Il *chronos* è il tempo che ci divora, che ci assoggetta alla schiavitù dell'orologio. Molte persone oggi vivono il tempo come *chronos*. *Kairos* invece è il tempo giusto e piacevole, il tempo opportuno. È di questo tempo che parla sempre Gesù. Dipende da me se considerare il tempo *chronos* oppure *kairos*. Il tempo diventa *chronos* per me se lo percepisco come un nemico da combattere e possibilmente sconfiggere.

Molti cercano di imparare un buon "management" del tempo. *Management* deriva dal latino *manus*, "mano". Quindi in origine significa "prendere in mano il proprio tempo". Purtroppo però tanti interpretano il "management" del tempo più come una lotta contro il tempo, tempo che devo assolutamente sconfiggere, che deve appartenere a me. Ma il tempo non si può possedere, si può solo vivere. E questo può accadere solo se intendo il tempo come *kairos*. Il tempo per me diventa *kairos* se riesco a vivere pienamente l'attimo. Nulla adesso è più importante di questo attimo in cui sto parlando, sto scrivendo, sto relazionandomi con un'altra persona, sto lavorando. Quando ascolto una conferenza, assaporo il fatto di poter disporre di questo tempo per ascoltare nuove intuizioni. Quando leggo, gusto la possibilità di immergermi completamente nel libro che ho tra le mani. Non sto lì a riflettere su cosa dovrei cambiare nella mia vita. Sono immerso nella lettura, perso in un nuovo mondo che mi fa stare bene.

Un modo per riuscire a trasformare il tempo in *kairos* consiste nel calarsi completamente nell'attimo che si sta vivendo. Un altro modo potrebbe essere quello di considerare con attenzione i giorni e le settimane che viviamo, per capire cosa sia il tempo per noi. Possiamo porci queste domande: com'è davvero la mia giornata? Ne sono soddisfatto? Non devi contemplare il tuo programma della settimana con la coscienza sporca, facendo mille proponimenti per migliorare. Al contrario dovresti essere invogliato a prendere in mano il tuo tempo e ad usarlo in modo da sentirti a tuo agio in esso e da riuscire a svolgere le tue mansioni senza sentirti stressato. Guardando il tuo programma settimanale, dovresti individuare ciò che è gratificante e ciò che non lo è, ciò che vorresti veramente fare e cosa rappresenta solo obblighi gravosi a cui vorresti tanto dare un taglio. Vigila sul tuo tempo, affinché diventi un tempo di benedizione e di appagamento, affinché dal tuo tempo scaturisca una benedizione per te e per le persone che ti stanno accanto.

Ti auguro di scoprire ogni giorno, nel tuo mondo improntato all'efficientismo, uno spazio libero in cui sperimentare il tempo in modalità diversa: come tempo che ti è dato da Dio, come puro presente in cui ti si rivela cosa significa vivere, ossia essere completamente calato nell'attimo presente. Se vivo nell'attimo, allora esisto, allora, semplicemente, sono. Percepisco allora il mistero dell'essere, mi si svela il mistero del tempo: il tempo è sempre un tempo santo, un tempo in cui Dio opera in me per rendermi integro e completo.

### Rituale: *Vivere come un dono il tempo che non utilizzi*

Mettiti seduto tranquillo su una poltrona o una panchina all'aria aperta. Chiudi gli occhi e prova a immaginare il tempo che scorre. Il tempo che è trascorso, ormai consumato, si dissolve. E con esso lascio andar via tutto ciò che è passato. E adesso immagina il tempo che è ancora davanti a te, nuovo di zecca, ancora non utilizzato, intatto. Abbandonati completamente a questo tempo incontaminato, nuovo, e consideralo un dono di Dio. Dio ti dona il tempo affinché tu viva, affinché tu possa plasmarlo a tuo piacimento, affinché tu gli imprima la tua impronta personale, perché diventi per te un tempo significativo, prezioso, un tempo benedetto per te e per le persone che con te condividono questo tempo nuovo. Allora forse riuscirai a cogliere il mistero del tempo. Il tempo è, e in fondo resterà sempre, un mistero che a noi è dato sfiorare con delicatezza, ma mai da tenere in pugno.

# Evita la frenesia
# Vivi più lentamente, ma focalizzato

Sul lavoro, ma anche nella vita di tutti i giorni, incontriamo molte persone che vivono sempre di fretta. Non trovano mai un momento di pace. E automaticamente trasmettono fretta a chi sta loro attorno. Chi è frenetico dà l'impressione di essere sempre in agitazione, iperattivo, sconnesso e stressato, in tedesco *gehetzt*. La parola *hetzen*, "far fretta, stare col fiato sul collo", viene da *hassen*, che significa "odiare". Chi è frenetico e stressato odia se stesso. La domanda è cosa ci spinge a questa frenesia. Alcuni addossano la colpa al troppo lavoro, e in alcuni casi questo è certamente vero.

Ma la frenesia il più delle volte nasce proprio da un atteggiamento interiore. Siamo noi stessi a metterci da soli sotto pressione per cercare di fare tutto il più presto possibile. E dietro questa pressione si nasconde la paura di non essere all'altezza delle aspettative del mio superiore. A volte sentiamo il bisogno di apparire frenetici per dimostrare che stiamo facendo un mucchio di cose. Altri con la loro frenesia intendono dimostrare di essere persone importanti e di ricoprire un ruolo fondamentale nell'azienda. Tuttavia non fanno altro che generare agitazione attorno a sé. E aggressività. La persona frenetica odia non solo se stessa, ma anche le persone con cui ha a che fare. Infatti fa sentire la coscienza sporca anche a chi in quel momento sta lavorando con tutta tranquillità. Con la sua agitazione, è come se spingesse tutti ad essere altrettanto frenetici. Ma mettendo a confronto i risultati lavorativi di persone agitate e persone tranquille, spesso emerge che chi lavora con serenità, immergendosi interamente e con animo tranquillo nel lavoro che sta facendo, sostanzialmente lavora in modo più efficace e duraturo.

La domanda è come riuscire a superare questa nostra frenesia, e come interagire con persone iperattive senza lasciarsi coinvolgere dalla loro frenesia. Incontrando una persona frenetica dobbiamo proteggerci ripetendoci che può essere frenetica quanto vuole, noi non ci lasceremo influenzare. Nel momento in cui mi accorgo che mi sta prendendo la fretta, dovrei cercare di capire quali sono i motivi e quali sensazioni affiorano in me quando mi prende questa fretta. A volte la frenesia affonda le sue radici nel vissuto che ho alle spalle. Una donna mi raccontava che da bambina, ogni volta che avrebbe voluto mettersi a giocare ne era impedita dalla madre, che invece le intimava di sbrigare qualche faccenda: c'era sempre così tanto da fare! E così, anche da adulta sentiva sempre la coscienza sporca immaginando che gli altri potessero pensare di lei che non si dava abbastanza da fare. Con la sua frenesia voleva mettere a tacere la coscienza e dimostrare agli altri di essere operosa e che lavorava in modo indefesso. Se faccio attenzione al mio attuale stato d'animo, spesso mi accorgo che sono io stesso a mettermi sotto pressione per sbrigare il lavoro nel più breve tempo possibile. Succede allora che non mi immergo completamente nel lavoro, ma lascio che siano le aspettative altrui a influenzarmi. Ma lavorando con questa frenesia addosso otterrò risultati più scarsi, e non riuscirò neppure a soddisfare le aspettative degli altri.

Non appena mi accorgo che sta per prendermi la fretta, dovrei cercare di tornare tranquillo dicendo a me stesso: adesso sto lavorando e faccio una cosa per volta. Non mi metto a pensare alla fine del lavoro, né a quando potrei terminarlo. Mi concentro sul qui e ora e mi dedico completamente al lavoro, con tutta calma. Fiducioso di riuscire ad eseguire il lavoro e di terminarlo nei tempi previsti. Se col pensiero corro sempre alle scadenze, mi farò prendere dalla frenesia senza peraltro riuscire a procedere più alla svelta. Quando la fretta minaccia di soffocarmi, posso aiutarmi concentrandomi sul mio corpo. Respiro con calma, appoggio la mano sul cuore e mi ripeto queste parole: io sono qui, sono tutto qui. E tenendo stretta questa sensazione mi rimetto al lavoro. Evito di pensare alle aspettative mie o degli altri, le lascio semplicemente perdere. Un altro aiuto potrebbe essere quello di camminare lentamente, senza fretta, ad esempio recandomi in un altro ufficio. Camminare lentamente mi fa riprendere coscienza di me stesso. Non permetto che siano fattori esterni a condizionarmi. Percorro da solo la mia strada. E questo mi permette di svolgere il mio lavoro autonomamente, senza curarmi di quanti potrebbero giudicare il mio operato.

**Rituale:** ***Percorsi brevi come esercizio quotidiano***

Possiamo far sì che le semplici azioni della vita quotidiana diventino un rituale. Questo mese prenditi come esercizio semplicemente i percorsi brevi: quello fino alla cassetta delle lettere, il percorso per recarti in ufficio, il percorso per andare in bagno. Normalmente non siamo consapevoli di quando camminiamo. L'obiettivo è giungere il più velocemente possibile alla cassetta delle lettere o nell'ufficio del capo. Ma se comincio consapevolmente a camminare più piano, ecco che anche i percorsi più semplici e brevi diventano un esercizio, un rituale. Camminare lentamente rallenta anche il ritmo della mia vita. Torno a me stesso. Rientro in me. Camminare lentamente mi permette di cogliere ciò che accade dentro di me. Riconosco l'essenza della mia esistenza umana, che consiste nell'essere sempre in cammino. Non posso fermarmi. Devo sempre proseguire sul mio percorso personale. Camminando posso anche "sbarazzarmi" delle tante preoccupazioni che mi assillano. Camminando lascio dietro di me i mille pensieri che mi frullano per la testa, i problemi che mi pongo relativamente a tante cose. Cammino, e basta. Assaporo il fatto di camminare lentamente e di essere perfettamente presente a me stesso. Non cammino per arrivare a una meta concreta. Piuttosto cammino per ritrovare nuovamente me stesso. Ma camminare mi ricorda anche che in fondo è sempre verso Dio che mi dirigo. Sono sempre in cammino verso Dio. Se sono consapevole di questo, anche i problemi che mi preoccupano in questo momento si ridimensionano.

# Di' di no più spesso
# Otterrai chiarezza

Spesso mi sento ripetere: "Non riesco a dire di no. E così il lavoro mi si accumula sempre più. Tutti vogliono qualcosa da me. Non ne posso proprio più, è troppo. Eppure mi risulta difficile rifiutare qualcosa".

Tanti affermano che la loro incapacità di dire di no deriva dal desiderio di non ferire nessuno. Ma se poi chiedo se ci siano anche altri motivi per questa incapacità, alcuni riconoscono che dicendo di no temono di non essere più amati, di non essere più richiesti, di non essere più utili. Hanno paura di essere rifiutati. È una buona cosa essere consapevoli dell'esistenza di motivi come questi. Mettono in evidenza la mia sete di affetto. Vorrei essere amato dal maggior numero possibile di persone, vorrei essere apprezzato da tutti. Se ammetto questo mio bisogno, mi diventa più facile ridimensionarlo. Realizzo che non posso essere amato da tutti. Non posso aspettarmi stima e apprezzamento da tutti.

Anche per me non è sempre facile dire di no. Però ho imparato a prestare attenzione ai miei sentimenti. Se al telefono mi viene fatta una richiesta e sento che non ne ho nessuna voglia, che qualcosa dentro di me si rifiuta, allora posso dire di no con più facilità. Se invece sento che mi va di assecondare una richiesta, allora dico volentieri di sì. Ma se quando sento la richiesta, e dentro di me percepisco una traccia di aggressività o ho l'impressione che mi si chieda troppo, allora sono anche capace di dire di no. Comunque anche per ascoltare le proprie sensazioni c'è bisogno di un piccolo aiuto. Per me è utile non rispondere subito di sì o di no quando mi viene fatta una richiesta. Allora rispondo: "Devo prima controllare nella mia agenda se sono libero. Le potrò dare una risposta domani". In questo modo guadagno tempo per capire cosa sto provando: ho davvero voglia di guidare fin là per tenere questa conferenza? Accetto davvero volentieri questo incontro? Oppure dentro di me avverto una certa resistenza? In tal caso, rispondo tranquillamente di no.

Anch'io prima avevo timore di deludere una persona rispondendo di no a una sua richiesta. Ma adesso ho capito che un no può anche chiarire il mio rapporto con l'altro. Normalmente le persone accettano un no. Ma non posso buttarglielo addosso in maniera aggressiva. Al contrario, posso spiegare che la loro richiesta mi ha fatto molto piacere, ma che purtroppo non mi è possibile accoglierla. Non c'è affatto bisogno di fornire anche delle motivazioni. Infatti, se spiego i motivi mi metto da solo con le spalle al muro, perché l'altro potrebbe mettere in discussione questi motivi, o trovare il modo di aggirarli.

Se dico di sì solo perché non sono capace di dire di no, il mio sì non è veramente libero. E l'altro se ne accorgerà subito da come reagisco, perché soddisferò la sua richiesta senza metterci il cuore. Posso dire veramente di sì solo se mi concedo anche la libertà di dire di no. Allora il sì diventa un buon sì, che porterà anche benedizione.

### Rituale: *Ascolta te stesso*

Quando qualcuno ti chiede qualcosa, prenditi il tempo per compiere questo rituale: ascolta bene dentro di te e cerca di capire quali sensazioni senti affiorare. Ti fa piacere soddisfare quella richiesta? È una sfida per te e ti aiuterà a crescere? Oppure cogli una certa resistenza? È una richiesta che va a scombinare i programmi che ti eri fatto per i prossimi giorni? Se è questo il caso, allora ammetti con te stesso che non hai molta voglia di accogliere quella richiesta. Ma non devi neppure lasciare che a decidere siano solo le tue sensazioni. Mettiti nei panni dell'altra persona: è una cosa che le farebbe veramente bene? Ha effettivamente bisogno del mio aiuto? Sento dentro di me che potrei davvero aiutarla? Sono motivazioni che potrebbero anche ribaltare completamente la poca voglia che senti di avere: mi risulta veramente difficile sconvolgere i piani che mi ero fatto, ma sento che è più importante cercare di soddisfare la richiesta di questa persona. Poi però poniti anche questa domanda: hai la sensazione che l'altro si affidi troppo a te, che se la prenda comoda e rinunci a risolvere da solo i suoi problemi, preferendo adagiarsi nel ruolo di vittima? Fai molta attenzione a queste sensazioni, perché dicendo di no certamente deludi l'altro. Il tuo no, però, potrebbe diventare per lui la spinta giusta per iniziare a darsi da fare per risolvere da solo il suo problema.

## Sperimentare il flusso
## Dedicati all'azione

Lo psicologo di origine ungherese Mihály Csíkszentmihályi ha coniato il concetto di "Flow" (="flusso"). Egli ritiene che chi si trova nello stato di "Flow" sperimenta la felicità. È in una condizione di totale coinvolgimento di sé, un'immersione totale in una determinata attività, nel lavoro che si sta svolgendo. E il lavoro per lui non è qualcosa di estraneo, uno sforzo da portare a termine con fatica. Quando una persona si immerge completamente nel lavoro che sta facendo, quando è nella condizione di "Flow", allora il lavoro la rende felice. Questo "flusso" si genera ogniqualvolta delle persone svolgono con piacere e attenzione il lavoro che è stato loro assegnato. Allora tutto diventa molto più facile. Ogni volta che riesco a immergermi con piena attenzione in ciò che sto facendo, sento scorrere dentro di me energia pura e inesauribile. Mi sento completamente coinvolto e sperimento una forte energia creativa. Finisco addirittura per dimenticare la stanchezza. Sono completamente immerso in ciò che sto facendo.

Questa condizione di "Flow" si genera non solo nel lavoro, ma anche in tutto ciò che facciamo:

quando gustiamo a fondo qualcosa, quando suoniamo, anche quando apparentemente non stiamo facendo nulla. Il “flusso” allora è un principio di vita, una specie di movimento lieve e senza sforzo inserito in una corrente di energia.

Se consideriamo questo concetto moderno alla luce della tradizione spirituale, allora vediamo che il “Flow” corrisponde a ciò che i mistici definiscono “abbandono”. E anche questo ha ripercussioni sulla nostra vita quotidiana. San Benedetto unisce preghiera e lavoro. Nella preghiera sperimentiamo l’abbandono a Dio, perché in questo abbandono ci liberiamo dal nostro Ego. Ci lasciamo assorbire completamente da ciò che stiamo facendo. Sembra tutto molto facile... ma quante persone, mentre stanno svolgendo il loro lavoro, vanno col pensiero al giudizio che riceveranno dagli altri. Oppure si mettono da sole sotto pressione per cercare di finire il più presto possibile. Così pensano continuamente al tempo che passa, diventando incapaci di abbandono. O ancora, si incaponiscono nel voler fare tutto in modo perfetto. Sono pensieri che ci distolgono dal lavoro vero e proprio, facendo sì che alla fine ci sentiamo spossati. Se invece ci votiamo interamente al lavoro, abbandonandoci ad esso, ecco che sentiamo scorrere nuova energia dentro di noi. E il lavoro per noi non diventa più un peso ma una gioia.

Lo psicologo Csíkszentmihályi individua una seconda condizione per riuscire ad entrare nello stato di "Flow", ed è l'alternanza. Anche i monaci, nella loro saggezza, ritengono importante strutturare la giornata e il lavoro secondo un buon ritmo. Non è possibile sperimentare in modo illimitato la sensazione di "flow" nel lavoro. Ci vuole un'alternanza tra lavoro e riposo o, come spiega san Benedetto, tra lavoro e preghiera. Abbandono e ritmo sono le due condizioni necessarie per entrare nella condizione di "flow", per far scorrere energia in noi e sperimentare la gioia.

### Rituale: *Un'attività che da semplice diventa speciale*

Scegliti un lavoro semplice, come tagliare il prato o riordinare camera tua, o anche un'attività di routine nella professione che svolgi. Cerca di immergerti completamente in questa attività. Non stare a chiederti se questo ha un senso adesso. E non impuntarti neppure per svolgerla il più velocemente possibile, o nel modo migliore possibile. Immergiti in essa e dimenticati di te stesso, devi essere completamente assorto in ciò che stai facendo. Dentro di te devi ripeterti che in questo momento non c'è niente di più importante, nulla di più bello, di tagliare questo prato; non c'è niente di meglio che riordinare camera tua, che svolgere questa attività di routine. Una volta terminato il lavoro, fermati un attimo e cerca di ascoltare dentro di te: stai provando una pace profonda? Lavorare così ti ha permesso di raggiungere la stessa condizione di quando fai meditazione? Ti sei liberato dal tuo Ego, che preme incessantemente per farsi avanti? Quando avrai finito di lavorare, conceditì qualche minuto di totale tranquillità e immergiti completamente in questa sensazione.

# Riprendere fiato E respirare profondamente all'aria aperta

Durante la crisi legata al Coronavirus molte persone hanno sofferto per l'obbligo di restare chiuse in casa senza poter andare all'aria aperta. Hanno sentito il bisogno di uscire di casa per andare semplicemente a passeggiare per respirare un po' di aria fresca. Sappiamo che per la nostra salute è bene andare fuori ogni giorno all'aria aperta. Già i medici dell'antica Grecia, come ad esempio Ippocrate e Galeno, esercitando l'arte del vivere bene avevano capito che per stare bene in salute era importantissimo esporsi a "luce ed aria".

Oggigiorno ci iscriviamo a sedute di terapia della luce, perché stiamo troppo poco all'aria aperta. Eppure queste sedute non sarebbero più necessarie se ci esponessimo alla luce naturale camminando all'aria aperta. La luce può combattere gli stati depressivi. Ci rimette di buonumore. Ma oltre alla luce anche l'aria fresca fa bene alla salute. All'aria fresca possiamo respirare profondamente. E sentiamo una grande differenza se respiriamo in città o mentre passeggiamo in un bel paesaggio incontaminato. Ogni paesaggio ha una sua aria particolare. L'aria di mare, ad esempio, è salutare soprattutto per chi ha problemi respiratori. La montagna, che quando siamo in vetta ci offre la sua aria purissima, ci allarga il cuore. Sentiamo che respirare quest'aria ci fa davvero bene. E infine c'è l'aria che respiriamo in un bosco, ricca di qualità benefiche che la medicina attuale ha da poco riscoperto[1].

Ma l'aria fresca che respiriamo all'aperto non ci è di nessuna utilità se non respiriamo correttamente. Dobbiamo inspirare questa buona aria consapevoli di quello che stiamo facendo, godendo della freschezza che ci dona. Quando passeggiamo nella natura ci fa bene fermarci un attimo e concentrarci solo sul nostro respiro. Espirando immagino di buttar fuori non soltanto l'aria che ho consumato, ma anche i pensieri, le ansie e le preoccupazioni che mi tormentano. Inspirando, invece, immagino di far entrare dentro di me insieme all'aria anche lo spirito di Dio che pervade la natura. Inspiro amore. Rumi, poeta persiano, definisce il respiro il profumo d'amore di Dio. Respirando sento la freschezza della natura, ma

[1] Per un ulteriore approfondimento dello stesso autore Anselm Grün, in merito alla natura e i suoi rimedi e i suoi ritmi, *Guarire con la natura, Erbe, piante, miti e rituali nel ciclo dell'anno*, Gribaudi.

magari anche l'amore che dalla natura mi scorre incontro. Respirando consapevolmente, divento una cosa sola con la natura che mi circonda. Mi sento di appartenerle, di esserle legato, di trovare protezione in essa. E nel respirare ho la sensazione di bere dalla sorgente benefica della natura. E questo mi rinfresca e mi rafforza. Mi rinnova. Ed è certamente salutare per me.

**Rituale:** ***Accettare e lasciare andare***

Mettiti seduto tranquillo, chiudi gli occhi e fai attenzione al tuo respiro. Non devi modificare la respirazione, limitati a espirare tranquillamente e poi a lasciare che sia il respiro stesso a sollevarsi dentro di te. Ed espirando, ripeti sempre queste parole: accettare e lasciar andare. Immagina di dire: mi accetto così come sono. Accetto il mio passato, il mio presente, i miei pensieri, i miei sentimenti. Non oppongo più resistenza. Ma mentre espiro lascio andare anche tutto quello che ho dentro: le mie paure, le mie preoccupazioni, i mille pensieri che mi vorticano in testa.
Inspirando, invece, puoi ripeterti queste parole: rinnovarsi e diventare una cosa sola. Mentre inspiri, immagina che in te fluisca aria fresca, nuova, che

rinnova tutto ciò che c'è dentro di te. Puoi anche immaginare che a riversarsi dentro di te sia lo spirito di Dio, che fa nuove tutte le cose. E immagina che mentre inspiri tu diventi una cosa sola con il mondo che ti circonda, con la creazione, ma anche col Creatore, con Dio e con te stesso. Pratica questa respirazione per quindici minuti, tenendo davanti a te queste quattro immagini. Non c'è bisogno che tu pronunci a voce alta le parole che ti ho suggerito: anche se le ripeti solo mentalmente, di sicuro ti faranno stare bene.

# L'importanza di esperienze diverse
# Programmare pause di riposo

Ci fa bene concederci dei tempi di tranquillità e silenzio. Ci rinvigoriscono e ci donano nuove energie. Non dovremmo lasciare al caso queste pause, ma possiamo ricercarle e strutturarle nei modi più diversi.

Quando le persone giungono come ospiti nella nostra abbazia per prendere parte a un corso nel weekend, oppure per un soggiorno più lungo, si concedono questi giorni di pausa con piena consapevolezza. Lasciano a casa i familiari e sentono che l'esperienza fa bene a tutta la famiglia. Tornano a casa ricaricati e pieni di nuova energia. Altri ricercano queste pause come esercizi spirituali personali. Alcuni prendono l'abitudine di concedersi questa pausa in abbazia una o due volte l'anno.

Ma non a tutti è possibile staccare per alcuni giorni o addirittura per settimane. Tuttavia le vacanze che quasi tutti riescono a fare rappresentano comunque una specie di pausa che ci concediamo. Certo, in questo caso dobbiamo fare attenzione a non riempire di mille attività un periodo che deve essere di stacco. La parola *Urlaub*, ("vacanza") deriva da *erlauben* (= permettere): durante la vacanza posso "permettermi" di fare ciò che fa bene al mio spirito. E allora, anche la tranquillità e il silenzio agiranno su di me con effetti benefici.

Ma oltre a queste pause – che si tratti di giorni di vacanza o di un soggiorno in abbazia – esiste la possibilità di prendersi delle brevi pause anche nella vita di tutti i giorni. Personalmente, al mattino riesco sempre a restare seduto davanti all'icona di Cristo e a concedermi alcuni minuti per stare semplicemente lì, godendo della sensazione di non dover fare nulla, di poter contemplare Cristo lasciandomi contemplare da lui. Ma anche nel corso della giornata posso concedermi delle piccole pause, magari nel bel mezzo del lavoro che sto facendo. Anche solo un minuto può bastare. L'importante è immergersi in se stessi, chiudere fuori tutto il resto e cercare di raggiungere il luogo interiore del silenzio. In quel luogo sono consapevole che il rumore che mi circonda ovunque lì non può penetrare. Restano chiuse fuori anche le aspettative che mi si riversano addosso dall'esterno. È un luogo intimo di rifugio. Non è un posto dove scappare per evitare i problemi della vita quotidiana. È invece un luogo in cui rifugiarmi per uscirne poi rinnovato interiormente, pronto ad affrontare nuovamente la vita quotidiana. Molti affermano di non riuscire a trovare dentro di sé questo luogo di silenzio, soffocati come sono dalla confusione di ogni giorno. Ma già solo l'idea che dentro di noi esista un simile luogo di silenzio, al di là dei problemi che ci assillano, riesce a ridimensionare tali problemi. È un'immagine che ribalta le nostre sensazioni: ci sentiamo più rilassati, più liberi interiormente, rinfrancati.

Quali potrebbero essere le "oasi" in cui ricercare esperienze di questo tipo? I fine settimana, ad esempio, sono importanti oasi temporali nel bel mezzo della vita quotidiana. Ma molte persone riempiono anche queste brevi pause con talmente tante cose da fare, da tornare a casa più stanche di prima. L'organizzazione del fine settimana varia molto a seconda della stagione e del tempo atmosferico, della situazione familiare e delle esigenze personali che mutano col passare degli anni. Quindi diventa importante chiedersi ogni tanto se i weekend organizzati in un certo modo mi vanno ancora bene. Di cosa sento davvero il desiderio, di cosa ha davvero bisogno il mio corpo? La giornata della domenica, ad esempio, dovrebbe avere il carattere proprio dello *shabbat* ebraico, che Dio ha donato all'uomo perché si riposasse. Anche per gli antichi greci la calma e la tranquillità erano tempi sacri. L'uomo libero assapora la calma. Il suo animo si apre alle esperienze fondamentali dell'esistenza, alla religione, alla filosofia, all'arte. Anche andare alla messa domenicale aiuta ad esercitarsi nell'arte della calma. La liturgia offre uno spazio in cui riprendere fiato, in cui buttar fuori tutta l'aria vecchia della settimana per riempirsi dello spirito di Dio e rinfrescare l'anima.

Alla domenica si aggiungono poi le festività. Per qualcuno non sono altro che ulteriori giorni liberi da riempire con gite ed escursioni. Ma con la festa è l'eternità ad irrompere nel nostro tempo. Riprendiamo contatto con le radici della nostra vita. Partecipiamo al tempo sacro, al tempo originario. Nella storia delle religioni, la festa era concepita come rinnovamento del tempo dalle sue origini. Le feste portano colore nella nostra vita. Rendono possibile fare esperienze diverse che spezzano la routine della vita quotidiana. Aprono la nostra anima, perché possa dissetarsi alla fonte della vita divina.

## Rituale: *Solo questo preciso momento è importante*

Mentre stai lavorando, mentre sei immerso nella tua routine quotidiana, prenditi una piccola pausa. Siediti tranquillo su una sedia e concentrati sul tuo respiro. Immagina che mentre espiri butti fuori anche tutto ciò che ti opprime o ti preoccupa. Butta fuori i tuoi pensieri, la tua irrequietezza, la pressione che a volte sembra schiacciarti. E quando inspiri, lascia che in te scorra nuova energia, lascia che in te fluisca lo spirito di Dio. Allora ti sentirai rinfrancato e rinnovato. Cerca di non pensare al tuo lavoro, a ciò che intendi fare dopo. Concediti di stare semplicemente lì seduto e respirare. Adesso, in questo preciso istante, nulla è più importante dell'esserci e basta, di respirare, di sentire te stesso, di sentire la libertà. Adesso non ci sono aspettative che devi soddisfare. Non c'è nessuno a cui tu debba delle giustificazioni. Non devi fare altro che esserci. Sperimentare il puro esistere. Allora ti sentirai libero, sentirai di esistere, in armonia con te stesso. E dopo questa esperienza potrai tornare alle occupazioni che ti stanno aspettando.

## Quando ti coglie la stanchezza, accoglila come un invito

C'è la stanchezza che esprime spossatezza. E ci sono persone che si stancano prima ancora di aver faticato. Sono stanche di vivere. Ma esiste anche una stanchezza benefica, quella che è una ricompensa per il duro lavoro svolto. Essa non è tanto motivo per lamentarsi, quanto ragione per riposarsi. Infatti posso cedere alla stanchezza, non devo necessariamente contrastarla. Al contrario, per me la stanchezza è piuttosto un invito a riposarmi, a rilassarmi, a concedermi ciò di cui ho bisogno in questo momento: riposo, sonno, musica, una passeggiata nella natura. Ed è bello sapere che "posso" farlo, non che "devo".

Ci sono momenti in cui ho parecchi colloqui intensi con gli ospiti dell'abbazia. Poi, quando torno nella mia cella spesso mi sento stanco. Non avrebbe alcun senso cercare di contrastare questa stanchezza leggendo qualcosa o mettendomi a scrivere. Allora cedo alla stanchezza, mi stendo sul letto per un quarto d'ora e assaporo la pesantezza della stanchezza. Mi ripeto che adesso non devo fare niente e posso starmene lì sdraiato, stanco come sono. Quando poi il timer mi avverte che la pausa è finita, mi alzo decisamente rinvigorito. Ho di nuovo voglia di mettermi a fare qualcosa, a leggere o a scrivere.

Chi non dà mai ascolto alla propria stanchezza, facilmente ne sarà sempre vittima come di una condizione cronica. È il nostro corpo a dirci cosa dovremmo fare. Esiste una stanchezza bella. Lo sperimento anche in vacanza: tornando da una lunga escursione, provo una piacevole stanchezza. Allora è meraviglioso concedersi una doccia e poi sdraiarsi un momento per ripercorrere col pensiero l'escursione appena fatta. Dopo però è bello sedersi tutti insieme a tavola e festeggiare con una buona cena innaffiata da vino rosso.

Ma ci sono anche altri tipi di stanchezza. C'è chi mi racconta di essere stanco di dover stare sempre a sentire gli stessi problemi degli altri. O chi riferisce di essere stanco del fatto che in azienda si parli molto senza che per questo il clima tra le persone migliori. Oppure ci sono volte in cui, parlando con gli ospiti esterni dell'abbazia, sento di essere davvero stanco. Prima avevo sempre pensato che dipendesse dall'aver dormito poco. Ma quando abbiamo discusso di questo problema tra noi e abbiamo capito che spesso la stanchezza è la nostra reazione alla situazione in cui l'altro non parla di ciò che lo interessa veramente, ma ci gira intorno parlando d'altro. In questo caso la stanchezza è un invito a parlare di ciò che è veramente sostanziale ed essenziale. Se durante una riunione ci viene sonno, spesso questo è il segnale che stiamo discutendo aspetti non rilevanti. La stanchezza può essere un segno che c'è qualcosa che non va. Dunque è un invito a riflettere su ciò che è davvero importante in questo momento.

Quindi è una cosa buona accogliere la stanchezza come una maestra e una buona amica, invece di cercare continuamente di resisterle. La stanchezza è un invito a riposarsi, ma anche una provocazione, perché abbandoniamo tutto ciò che non è essenziale e ci concentriamo su ciò che è veramente importante.

Rituale: *Assapora la tua stanchezza*

Quando torni a casa dal lavoro stenditi sul letto per un quarto d'ora. Punta il timer su 15 minuti, per riuscire a concederti questa pausa senza essere disturbato. Allontana il pensiero del lavoro, delle aspettative che le persone nutrono nei tuoi confronti. Assapora il tempo che in questo momento appartiene solo a te. Senti su di te il peso della stanchezza. Lasciati andare e prova a pensare: "Adesso non devo fare proprio niente, posso starmene semplicemente qua". Poi concentrati su te stesso. Non devi per forza essere in forma, puoi anche concederti di essere stanco. Poi, quando squilla il timer, puoi stiracchiarti e – si spera – alzarti più fresco e riposato di prima. Allora avrai anche voglia di metterti a fare quello che ti aspetta al ritorno a casa: dedicarti ai figli, o al tuo partner, o ai lavori domestici. O magari ti è venuta voglia di andare a un concerto o al cinema.

# Semplici e sani
# Gusta i tuoi pasti

Andare insieme a cenare in un ristorante è per molti una gioia e un piacere. Scelgono dal menù qualcosa che li ispira e di cui hanno voglia. Accompagnano il cibo con della birra o del vino e si godono la serata. Il buon cibo e il buon vino fanno da contorno a piacevoli chiacchiere.

Ma non possiamo uscire a cena tutte le sere per concederci qualcosa di speciale. Ci sono anche i pasti di tutti i giorni. La parola tedesca *Mahl*, "pasto", ha la stessa radice di *medicus*. Dunque un pasto possiede anche qualità salutari, può agire come un medico per il corpo e per l'anima. Purtroppo tante persone non fanno più dei pasti veri e propri, ma si limitano a nutrirsi. Ci si nutre per saziarsi, per calmare la fame. Ma ciò non implica che si gusti il cibo. In tutte le culture i pasti comunitari hanno una grande importanza. Gli antichi greci spesso hanno sviluppato il loro pensiero filosofico incontrandosi ad un *Symposium*, un pasto comunitario. L'evangelista Luca, che conosce bene la filosofia greca, riferisce di numerosi pasti durante i quali Gesù entra in contatto con le persone più diverse: con i pubblicani e i peccatori, ma anche con i farisei. E con i suoi discepoli. Ai suoi discepoli chiede che prendano insieme i pasti in sua memoria, così da assumere in loro l'amore di Gesù presente nel pane e nel vino. L'eucarestia – che Gesù ha istituito come eredità di un amore che è più forte della morte – nella tradizione cristiana ha gettato una nuova luce sui pasti quotidiani. Anche nel pasto di ogni giorno mangiamo dei doni di Dio, nei quali possiamo gustare il suo amore.

Il pasto quotidiano acquista valore non tanto per l'abbondanza di cibo, quanto per la cultura del pasto. Gesù ha preso il pane e il vino come simbolo per farci gustare il suo amore. E dunque il nostro pasto acquista gusto nel momento in cui assaporiamo consapevolmente e con gratitudine il cibo che abbiamo preparato. Nella tradizione cristiana s'inserisce anche la pratica del digiuno, che ha l'intento di educarci a gustare in modo nuovo cibi semplici come una fetta di pane o una mela. Ma noi possiamo gustare un semplice pasto anche senza digiuno. Serve solo un po' di attenzione, essere concentrati sull'atto di mangiare e bere rendendoci conto che stiamo mangiando e che il cibo è buono. Il gustare potrebbe anche favorire un'esperienza in cui ci si sente una cosa sola. Lo hanno sperimentato soprattutto mistiche e mistici del passato. Essi parlano infatti di *dulcedo Dei*, la "dolcezza di Dio", che assaporano anche mentre mangiano e bevono. Lo scrittore francese Marcel Proust narra di un'intensa esperienza da lui vissuta durante un pasto: "Nell'attimo stesso in cui questo sorso di thè mescolato all'aroma del dolce toccò il mio palato, trasalii, ed ero come incantato per ciò che di insolito stava accadendo dentro di me. Un sentimento inaudito di felicità che esisteva di per sé solo e il cui fondamento restava a me ignoto mi aveva attraversato". È un'esperienza che gli cambia la vita. Scrive infatti: "Smisi di sentirmi mediocre, lasciato al caso, mortale".

Non a tutti è dato fare un'esperienza così intensa mangiando. Ma la descrizione di Marcel Proust ci invita a concentrarci sull'atto di assaporare. Perché così, all'improvviso, possiamo sentirci una cosa sola con la creazione, con noi stessi e con Dio. E i pasti più semplici possono diventare l'occasione per celebrare la nostra vita, un'esperienza di gioia in cui sentiamo di essere amati.

## Rituale: *Mangiare e gustare con piena consapevolezza*

Se mangi da solo, prepara bene la tavola e inizia il pasto con una preghiera, una benedizione sui doni. La preghiera ti aiuterà a capire che nelle vivande ti è dato di gustare i doni di Dio. Quindi cerca di masticare il cibo molto lentamente, gustandolo con piena consapevolezza. Concentrati sul gusto: cosa suscitano dentro di te i vari sapori? Come ti senti? Quando ti trovi a un pranzo in famiglia per festeggiare qualcosa, prova a proporre questo rituale: dopo la preghiera di benedizione, tutti mangiano in silenzio per dieci o quindici minuti. Ciascuno cerca di essere completamente concentrato su ciò che sta mangiando e assaporando. Passato questo tempo, si può tornare a chiacchierare insieme. Ognuno può raccontare cosa ha gustato e se gli è piaciuto, e quali sentimenti ha provato. Ovviamente non è un rituale da compiere tutte le volte, però ogni tanto sarebbe certamente bello da ripetere, proprio per riuscire a gustare pienamente e con consapevolezza il pasto insieme.

# Ogni tanto permetti a te stesso di essere pigro È un buon contrappeso

La parola "pigrizia" per molte persone suona quasi come un insulto. Critichiamo le persone che non fanno nulla, che se ne stanno semplicemente lì sedute senza far niente. Tuttavia, concedersi ogni tanto di non fare niente può avere su di noi un effetto positivo. Durante il Romanticismo, certi filosofi e poeti elevavano un inno alla pigrizia in contrapposizione all'esistenza piccolo borghese. Eichendorff con il simpatico personaggio del *Taugenichts*, del "perdigiorno", ha creato un personaggio il cui amore per la musica e la poesia si distacca decisamente dai modelli di comportamento imposti dalla società lavoratrice e borghese. I romantici provavano fastidio per l'eccessiva considerazione in cui era tenuta l'operosità nella società borghese dell'Illuminismo.

E non è che anche noi, nella nostra società moderna, corriamo il rischio di sopravvalutare il rendimento e l'operosità? Anche noi abbiamo bisogno di un contrappeso. E potrebbe trattarsi del permesso che diamo a noi stessi di essere, per una volta, pigri. A mio avviso questo non è affatto in contraddizione con l'operosità. Io stesso certe volte, dopo aver dedicato del tempo agli incontri con gli ospiti, oppure dopo aver scritto per un paio d'ore, mi stendo un quarto d'ora sul letto e mi permetto di essere pigro. Dico a me stesso che in questo momento non devo fare proprio nulla, non devo dimostrare niente a nessuno. Quindi assaporo non solo la pesantezza della stanchezza, ma anche la libertà che deriva dal permettere a me stesso di essere pigro. Quando poi è ora di alzarmi, ho di nuovo voglia di mettermi a scrivere e di lavorare. Grazie a questo contrappeso ritrovo il mio equilibrio.

L'aggettivo tedesco *faul*, "pigro", ovviamente ha anche un'accezione negativa. Infatti il verbo *faulen* significa "imputridire, marcire". Dunque ci sono anche persone "marce" che non sanno decidersi a fare nulla. In loro finisce per marcire anche l'anima, che perde il suo vigore. Dunque è necessario che troviamo il giusto equilibrio tra operosità e ozio. Il filosofo tedesco Josef Pieper, che ci ha fatto conoscere la saggezza dei pensatori dell'antica Grecia, fa una distinzione tra la filosofia degli antichi greci e il filosofo tedesco Immanuel Kant, per il quale il filosofare è un "lavoro erculeo". I greci parlano dell'ozio come di un momento in cui smettono di fare qualsiasi cosa e si aprono a intuizioni importanti. Molte intuizioni arrivano in modo del tutto spontaneo, ci vengono donate. E anche questo è un atteggiamento di cui avremmo tanto bisogno anche noi oggi. C.G. Jung afferma che esistono problemi che non possiamo risolvere da soli semplicemente ragionandoci su.

Dovremmo solamente non opporre alcuna resistenza, così da aprirci a idee utili. Quando riusciamo ad essere aperti in questo modo, può capitare che affiorino intuizioni alle quali non saremmo mai arrivati attraverso faticose riflessioni. Anche qui, allora, serve la giusta misura di cui parla sempre san Benedetto: la giusta misura tra fare e non fare, tra operosità e pigrizia, tra lavoro e ozio, tra dovere e libertà. Allora riusciremo a vivere secondo la nostra natura, e vivremo in modo sano.

### Rituale: *Abbi fiducia nel tuo istinto – lìberati dalla pressione*

Mentre sei in vacanza o durante un fine settimana concediti una pausa di vera pigrizia. Liberati dalla pressione che ti spinge a riempire la giornata di cose da fare o da vedere, a sfruttare al massimo il giorno libero o la vacanza. Concediti il lusso, una volta tanto, di essere pigro e di oziare. Se poi finisci per annoiarti, fermati a pensare a cosa ti farebbe piacere fare adesso. Non stare lì a pensare a cosa ti farebbe bene alla salute, o a cosa potresti fare di costruttivo. Fidati assolutamente del tuo istinto. Resta ancora un po' in poltrona o disteso nell'amaca, insegui i tuoi pensieri e i tuoi sogni. Non è adesso che devi risolvere i problemi, non devi sviluppare nuove idee per la tua vita. Abbi fiducia nella tua anima: essa ti mette in contatto con te stesso e fa emergere in te pensieri e sogni che ti fanno bene.

# Fare delle pause fa bene al corpo e allo spirito

"Chi si ferma è perduto": una massima che invita ad andare avanti senza concedersi soste, se non si vuole essere spacciati. L'ideale perfetto è la macchina, che non si ferma mai ed è ininterrottamente in funzione. Ma l'uomo non è una macchina. Ha bisogno di pause di riposo, di tempi di recupero, di relax. La pausa è un atto di contemplazione. Rende possibile la conoscenza, la comprensione del tutto. Secondo la Bibbia, Dio ha creato il mondo in sei giorni, ma il settimo giorno si è preso una pausa, si è riposato. E proprio la pausa ha reso la sua opera perfetta: "Nel settimo giorno Dio portò a compimento l'opera che aveva fatto e nel settimo giorno si riposò" (Gen 2,2). Cosa potrebbe significare questo per noi?

Per me ciò significa che il mio lavoro arriva a compimento solo nel momento in cui posso riposare da esso. Se continuo a lavorare ininterrottamente, il lavoro resta sempre un abbozzo, qualcosa di incompleto. L'atto di riposare porta a compimento l'opera, che così risulta perfetta.

Conosco persone che lavorano senza mai una pausa. Lavorano e lavorano, senza mai concedersi una vera pausa pranzo: anche mangiando continuano a rispondere alle mail e divorano un panino al volo senza neanche allontanarsi dalla scrivania. Oppure organizzano quello che si chiama *power lunch*, una pausa pranzo durante la quale si continua a lavorare con i colleghi discutendo le questioni per le quali si pensa di non aver avuto tempo prima.

Ma la pausa è qualcosa di diverso. Il termine greco *anapauso*, da cui deriva la parola "pausa", implica cessare di fare qualcosa, riprendere fiato. Smetto di fare ciò in cui sono impegnato e riprendo interiormente fiato. Faccio un'interruzione per riuscire a lavorare meglio dopo. Chi studia il cervello ha capito quanto sia importante per noi la pausa: permette al cervello di rigenerarsi, si creano relazioni creative. Chi lavora ininterrottamente è convinto di rendere di più. Ma è l'esatto contrario: il suo lavoro perde in creatività. Per me è fondamentale concedermi delle pause anche mentre scrivo. Di domenica pomeriggio, quando ho tre ore di tempo da dedicare alla scrittura, quando è passata un'ora e mezza mi stendo a letto per un quarto d'ora e mi concedo di non fare niente, di non pensare a niente. Non cerco nemmeno di riflettere su ciò che potrei scrivere dopo essermi concesso questa pausa. Eppure, sono proprio questi i momenti in cui, a volte, affiorano spontaneamente nuove idee. E quindi quando mi siedo di nuovo davanti al computer continuo a scrivere approfittando di questi slanci creativi. Comunque mi prendo anche pause più lunghe. Ad esempio, quando vado in vacanza non porto con me niente per scrivere. A volte mi capita anche di sentire di aver esaurito la mia creatività. Allora è il momento di andare in biblioteca a scegliermi dei libri interessanti da leggere. In questo modo posso rigenerarmi.

A prescindere dalla situazione che stiamo vivendo, se durante il giorno ci dedichiamo a un normale lavoro è necessario che ci concediamo delle pause. Sono tempi che ci appartengono, durante i quali entriamo in contatto con noi stessi; tempi in cui possiamo riportare davanti a Dio anche il nostro quotidiano. "Tempi sacri" non significa che dobbiamo metterci a pregare. È sufficiente limitarsi ad esserci, magari immaginando di stare davanti a Dio. Possiamo così sentire di essere portati, sostenuti – e ricominciare a lavorare con più gusto. Anche quando facciamo qualche lavoro a casa è bene concedersi delle interruzioni. Conosco casalinghe che hanno l'impressione di non aver mai finito di sbrigare faccende. Ovviamente quando si tratta di lavori domestici c'è sempre molto da fare. Ma proprio per questo è importante concedersi il "tempo sacro" di una pausa in cui ritrovare se stessi. E se siamo capaci di assaporare questo tempo, ci farà bene non solo per quell'attimo. Possiamo riprendere fiato, dedicandoci al lavoro con nuovo slancio.

### Rituale: *Gustare ciò che hai portato bene a termine*

Dopo aver finito un lavoro, a casa o in ufficio, concediti una pausa. Poi fermati a pensare che anche Dio ha portato a compimento la sua opera riposandosi. Ripensa al lavoro che hai svolto e senti il piacere che provi nell'averlo portato a termine con successo. Quando Dio completò la sua opera, vide che quanto aveva fatto era cosa molto bella e molto buona. Osserva il tuo lavoro con gli occhi di Dio. Non perderti a criticarlo, non stare lì a pensare a cosa avresti potuto fare meglio. Ripeti a te stesso che ciò che hai fatto è bello e buono. E sii grato per l'opera che hai completato. Così ti sentirai vicino a Dio. Quanto facciamo e operiamo partecipa dell'opera creatrice di Dio. Nella pausa, dunque, contempliamo la nostra dignità.

# Lodare fa bene a te stesso e anche agli altri

Lodare può cambiare il mondo – e anche te. La lode, infatti, ti presenterà il mondo sotto una luce diversa. E farà vivere il tuo spirito. Soprattutto quando si ha a che fare con altre persone, la lode può operare miracoli. Ci sono persone prive di sentimento che ritengono che già non brontolare sia una lode sufficiente. Ma bisogna fare attenzione a non scambiare la lode con l'adulazione. Quando otteniamo apprezzamento ci sentiamo meglio di quando ci sono solo lamentele, ma anche di quando tutto viene dato per scontato o comunque sottoposto costantemente a delle critiche. Gli psicologi sanno molto bene che quando si fa un rimprovero a una persona ci vogliono almeno altre cinque gentilezze per ristabilire l'equilibrio. Al contrario, una lode rinforza, agisce in modo positivo sul corpo e sullo spirito. Quando riceve una lode, una persona è felice e rifiorisce. E fa bene anche a noi dimostrare benevolenza all'altro. Lo afferma anche la Bibbia: vive veramente solo chi loda.

Il termine tedesco *loben*, "lodare", ha la stessa radice di *glauben*, "credere", e di *lieben*, "amare", ossia *liob* (= *gut*, "buono"). Quindi lodare significa parlare bene di una persona, a una persona, su una persona. Nella lode, colui che è lodato è il soggetto al centro dell'azione: tu hai fatto bene questa cosa. Tu sei bello. Quando lodo qualcuno, distolgo lo sguardo da me stesso per rivolgerlo all'altro. Le parole creano la realtà, e la lode in fondo è amore espresso in parole. Menzionando il bene, il bene si rafforza.

Nei corsi di formazione per dirigenti viene spesso ripetuto che il capo deve elogiare i suoi collaboratori. Ma così la lode diventa una specie di metodo, e i collaboratori se ne accorgono: ecco, il capo è andato a un altro seminario! Adesso per due settimane non la smetterà più con gli elogi. Ma questa lode un po' artificiale non serve a niente. Risulta quasi finalizzata al raggiungimento di un obiettivo. La lode invece deve essere fine a se stessa. Quando elogio una persona, non guardo a me stesso e allo scopo che voglio ottenere con la lode. Al contrario, metto al centro l'altro. Esprimo ciò che vedo in lui. La lode è efficace solo se corrisponde a verità. Richiede sincerità, naturalezza e la capacità di accorgersi dell'altro, di ciò che è e di ciò che significa per te e per la comunità.

Quando qualcuno mi ringrazia per la lode che gli ho rivolto, io mi sento in armonia con me stesso e con lui. Entrambi abbiamo ringraziato, e nel ringraziamento abbiamo sperimentato cosa significa comunione. Entrambi abbiamo sentito che in fondo tutto il bene viene da Dio. Ma è anche bene dire a chi riceve il dono di Dio che io sono grato per questo.

Quando io ringrazio per una lode che mi è stata rivolta, assaporo quest'attimo ma al tempo stesso so di essere una persona con i suoi difetti e le sue debolezze. Se riesco a cogliere entrambi questi aspetti – la lode e la percezione dei miei limiti – allora la mia visione di me stesso è realistica. Se invece respingo la lode, rifiuto me stesso con tutti i buoni doni che mi sono stati donati. Dunque accogliere una lode significa sempre anche accogliere se stessi e gustare con gratitudine tutti i doni che Dio ci ha messo a disposizione. Chi è contento della lode che riceve rende felice anche colui che gliel'ha rivolta.

Per me personalmente, la lode è un aspetto molto importante anche nell'accompagnamento spirituale. Certo, da questo punto di vista la lode ha un significato e un sapore diverso. Lodare significa fare appello al bene. Nella lode interpello il bene che colgo nell'altra persona: "Lei trasmette belle sensazioni. Ha già ottenuto molto nella sua vita. Riesce a cogliere molto bene cosa è giusto per lei. Può fidarsi del suo intuito. La sua anima sa bene cosa è meglio per lei". Sono parole che vanno ad interpellare il bene che c'è nell'altro. E in questo senso le considero una lode, anche se non sono tipiche parole di lode.

### Rituale: *Cosa significa un'autentica lode*

Se ci sforziamo di abituarci a lodare, o se strumentalizziamo la lode nella speranza di diventare dirigenti migliori, spesso otteniamo solo il risultato di renderla artificiale, finta. Sarebbe meglio fare della lode un rituale, legandola a determinate esperienze. Ogni volta che provo felicità per qualcosa dico così alla persona che mi ha reso felice: "Sono proprio contento", oppure "Mi hai reso davvero felice". E quando ammiro qualcosa che qualcuno ha fatto lo esprimo sempre a parole: "Hai fatto proprio bene, ti è venuto proprio bene". Se faccio appello al bene, viene risvegliato anche il bene che c'è nell'altro. La lode mette la persona in contatto con le capacità che si celano in lei e che a volte fa fatica a vedere. Ecco perché la lode ha sempre anche un'efficacia terapeutica.

# Per un giorno intero, fai attenzione a come giudichi

Che lo vogliamo oppure no, noi giudichiamo continuamente. Giudichiamo noi stessi, i nostri pensieri, le nostre parole e il nostro comportamento. E non appena incontriamo qualcuno, subito iniziamo a giudicarlo. Ci sono persone che per lavoro devono costantemente giudicare e valutare. I dirigenti devono giudicare i loro collaboratori, gli insegnanti devono valutare i loro allievi. È davvero possibile rinunciare a giudicare per un giorno intero?

Comunque una cosa deve essere chiara: possiamo imparare a liberarci il più velocemente possibile dei giudizi che si formano dentro di noi. Vorrei descrivere il modo in cui riuscirci prendendo spunto proprio dalle tre situazioni appena menzionate: giudicare se stessi, gli altri, e farlo per lavoro.

Io giudico me stesso, le mie azioni e il mio comportamento ogni volta che penso: "Qui non hai fatto bene. Non ti sei comportato bene". Quando pensieri come questo affiorano dentro di me mi ripeto semplicemente: "È così e basta. Può essere così". E poi offro tutto a Dio perché trasformi in benedizione le mie azioni e il mio comportamento. Molto spesso giudico anche le mie parole: "Qui non hai parlato in modo giusto. Non sei stato abbastanza saggio". Anche qui dovrei semplicemente lasciar perdere, perché non posso riprendermi le parole una volta che le ho pronunciate. Va bene così. Io non sono perfetto. E prego Dio perché trasformi in benedizione per gli altri le mie parole. Il compito più difficile consiste nel non giudicare i propri pensieri, i propri sentimenti. Appena mi assale la paura, inizio a giudicarmi: "Sono debole, sono malato. Non devo avere tutta questa paura". Poi però mi dico che è lecito aver paura, posso avere pensieri come questi. E infine me ne libero, e posso liberarmi dalle mie paure, dai miei sentimenti di tristezza, dalla mia rabbia, solo se accetto che sentimenti come questi esistono. Affioreranno sempre dentro di me. E involontariamente emetto i miei giudizi. Allora devo smetterla di giudicare, non ne vale la pena. Io sono come sono. Va bene così. Solo dopo questo processo di accettazione posso cercare di capire come fare perché in me si compia la trasformazione.

Non appena vediamo altre persone e il loro comportamento, iniziamo a giudicarle. Non possiamo farne a meno. E comunque questo ha anche i suoi lati positivi. Quando giudichiamo spontaneamente un'altra persona, questo ci rende prudenti nei suoi confronti oppure ci apre a lei. Ma allora diventa necessario lasciar subito perdere il giudizio. Non spetta a me giudicare quella persona. Non la conosco affatto, non posso sapere perché è in un certo modo. E va bene così com'è. Se avverto che dentro di me affiorano pensieri negativi sull'altro, devo ripetermi che io non ho alcun diritto di giudicarlo. E naturalmente mi sovvengo delle parole di Gesù: "Non giudicate per non essere giudicati!" (Mt 7,1). E allora mi dico: "Neanch'io sono perfetto. Dunque anche l'altro è libero di essere com'è".

Certo, gli insegnanti sono tenuti a valutare il rendimento e la condotta dei loro allievi, i dirigenti devono valutare le prestazioni dei loro collaboratori. È un dato di fatto. Poi però sarebbe importante riuscire a distinguere il giudizio sulla prestazione dal giudizio sulla persona. Non spetta a me giudicare l'allievo o il dipendente in quanto persona. Ognuno di noi è un mistero. Io non conosco la sua storia. Anche se giudico il suo comportamento, devo sempre tenere a mente che sto valutando questa persona unica, che devo apprezzarne la dignità. Dunque, di fatto è impossibile rinunciare a giudicare per un giorno intero. Tuttavia possiamo prestare attenzione per un giorno intero al modo in cui giudichiamo, lasciando perdere un giudizio ogni volta che tenta di affiorare in noi. Allora il nostro sguardo si modificherà sicuramente mentre lo rivolgiamo su noi stessi o su coloro che ci stanno intorno.

### Rituale: *Lasciar perdere il giudizio, accettare le cose come sono*

Mettiti seduto e rifletti: come giudico io il mio corpo, la mia salute, il mio aspetto fisico, il mio intelletto, la mia intelligenza, le mie capacità, la mia maturità? E come giudico i pensieri che affiorano dentro di me? Mi sminuisco, tendo a sottovalutarmi, oppure mi sento superiore agli altri sminuendone il valore? Lascia che dentro di te si formino questi giudizi, poi però cerca di liberartene. A poco a poco accetta il tuo corpo, il tuo aspetto, le tue capacità, la persona che sei diventata. Accettati così come sei. E poi cerca di sognare: dove mi piacerebbe arrivare nella mia vita, nel mio sviluppo umano? Quindi offri questi sogni a Dio, pregandolo affinché ti accompagni lungo il cammino e ti aiuti a realizzare i tuoi sogni.

# Non ti arrabbiare
# Non ne vale mai la pena

In tedesco si dice *Ich ärgere mich*, "io mi arrabbio". Dunque sono io il soggetto da cui parte la rabbia. La lingua tedesca parte allora dal presupposto che siamo noi stessi i responsabili di un'arrabbiatura. Anche Qoelet pensa lo stesso quando afferma: "Mantieni il tuo spirito libero dalla collera" (Qo 11,10). Ci ritiene dunque capaci di evitare la collera. In un altro passo scrive: "Non lasciarti provocare fino alla collera, perché la collera dimora negli stolti" (Qo 7,9). Se dunque mi lascio andare alla collera, per Qoelet questo è segno di scarsa formazione. Io interpreterei così le sue parole: se io conosco e capisco me stesso e gli altri, allora so che non c'è motivo per arrabbiarsi.

Stessa interpretazione di Evagrio Pontico, psicologo tra i primi monaci (345-399). Scrive infatti: "Mentre preghi ti si presenteranno spesso pensieri che ti faranno sembrare giusto andare in collera. Ma la collera verso il tuo prossimo è del tutto ingiustificata. Se soltanto ci provi, potrai chiarire la questione senza irritarti. Fai di tutto per evitare lo scoppio di collera" (La Preghiera, 24).

Per noi queste parole di Qoelet e di Evagrio suonano fin troppo razionali. Per nostra esperienza personale sappiamo che ci irritiamo di continuo, e che le persone provocano la nostra collera. Anche Evagrio sa per esperienza che la collera affiora continuamente anche in lui. Ma lui ritiene appunto che non siamo responsabili della collera che nasce dentro di noi, ma solo del modo in cui la gestiamo. Non dobbiamo assolutamente lasciare che la collera trovi uno sfogo per scoppiare. La questione è dunque come gestirla. Possiamo rimuginarci su tutto il giorno e alimentare così il fuoco che la origina. Ma così facciamo del male a noi stessi.

Oppure possiamo affrontare la collera e chiederci da dove arrivi. Questo significa prenderne le distanze. Riuscire a rapportarci con essa. A volte la collera nasce dall'impulso di porre dei limiti ben precisi: mi arrabbio con l'altro quando cerca di oltrepassare questi limiti. E mi arrabbio con me stesso per avergli permesso di oltrepassarli. Allora è importante capire che la collera dentro di me è in realtà l'invito a porre dei limiti più espliciti, a proteggermi dall'intrusione dell'altro. Se è così, non serve più che io mi arrabbi. Talvolta invece la collera può anche essere l'impulso a risolvere meglio una questione. Nella mia funzione di cellerario, a volte mi sono arrabbiato quando qualcosa andava storto. Allora posso lasciare che sia la collera a dominarmi, e restare arrabbiato tutto il giorno. Oppure posso accoglierla come un invito a cercare le cause, il perché quella data cosa sia andata storta. O ancora posso cercare un chiarimento con tutte le persone coinvolte, allo scopo di cercare una soluzione migliore per il futuro.

Dunque non posso evitare la collera in modo assoluto. Però posso evitare che sia lei a prendere il sopravvento su di me. La rabbia è un'emozione. Non posso evitare che affiori dentro di me. Ma da me dipende il modo in cui la gestisco, sono io a decidere come. Se agisco in modo appropriato, non mi abbandono più alla collera, ma la accetto come un impulso che mi spinge a chiarire meglio i confini che mi delimitano, che mi invita a cercare di fare qualcosa per rimediare a ciò che era andato storto.

### Rituale: *Prendi le debolezze degli altri come uno specchio*

Rifletti su quali sono le debolezze degli altri che ti irritano o ti fanno arrabbiare. Poi medita su queste debolezze e prova a prenderle come uno specchio per te stesso: perché mi arrabbio così tanto per questo comportamento dell'altro? Ho forse anch'io la tendenza a comportarmi proprio così? Ma io ho vietato a me stesso questo comportamento, per cui forse mi arrabbio con l'altro perché vive proprio come io mi sono vietato di vivere. E questo divieto me lo sono posto a motivo dell'educazione che ho ricevuto? Oppure ci sono arrivato per convinzione interiore, perché sento che non mi fa bene comportarmi così? O ancora vado in collera sulle debolezze dell'altro perché mi disturbano? Magari perché la sua scarsa igiene personale mi disturba con i suoi odori sgradevoli? Se nel comportamento di un'altra persona trovi uno specchio per te, allora cerca di porgere a Dio la tua verità personale, i comportamenti e i bisogni che hai represso: l'amore di Dio scorrerà anche in essi. Se il comportamento dell'altro ti disturba perché oltrepassa i limiti che hai fissato – per l'odore che emana, per il chiasso che fa, per il suo continuo agitarsi – allora cerca di concentrarti su te stesso, escludi il mondo esteriore e resta fisso nel tuo centro. Ti accorgerai che il comportamento dell'altro non ti irriterà più così tanto.

# Uscire all'aria aperta
## Come una passeggiata nel bosco

Nei pressi dell'abbazia dove vivo c'è un grande bosco. Volentieri ci faccio qualche passeggiata di domenica pomeriggio. Quando sono in vacanza amo andare a camminare nei boschi, non solo per via dell'ombra, soprattutto per l'atmosfera particolare che vi regna. Nel bosco provo un senso di sicurezza, di protezione. A volte invece mi fa venire in mente il bosco delle fiabe. Ha un qualcosa di incantato, di misterioso.

Oggi si parla di "bagno nella foresta", una pratica che viene lodata come contributo fondamentale a una vita sana. Da una parte sono lieto che abbiamo riscoperto il bosco come qualcosa di benefico per il corpo e per lo spirito. Dall'altra però mi irrita molto la tendenza moderna a ritenere utile e prezioso solo ciò che porta qualche vantaggio. Come se una passeggiata nel bosco dovesse per forza portare a un risultato: devo riuscire a spiegare esattamente quali sostanze, responsabili della mia salute, ho assimilato nel mio corpo.

A me basta fare semplicemente una camminata nel bosco. Un bosco di conifere ha un profumo diverso da un bosco di latifoglie. E a seconda della stagione, ogni bosco ha un profumo ancora diverso. Mentre cammino mi guardo attorno e contemplo i giochi di luce tra il fogliame. I raggi di sole fanno brillare le foglie di una luce particolare. E ogni volta mi soffermo davanti ad alberi particolarmente imponenti. Sento che mi piacerebbe molto avere radici altrettanto robuste per restare ben saldo anche quando vengo investito da tempeste o burrasche. A volte mi stupisco per come le radici si spingono in profondità dentro il terreno. Talvolta si abbarbicano saldamente attorno a una roccia. Io semplicemente resto lì fermo e guardo.

Mi metto anche ad ascoltare: ad esempio lo stormire del vento tra le foglie. A volte è un mormorio misterioso che mi fa venire in mente lo Spirito, che soffia dove vuole. Allora mi fermo. È come se stessi facendo una profonda esperienza di Dio, che non è più possibile descrivere a parole. A seconda della stagione, ascolto anche il canto degli uccelli, il martellare del picchio, il richiamo del cucù. E sento che il mondo non è soltanto la dimora dell'uomo, ma anche di tanti uccellini che qui si sentono a casa, di tanti animaletti che popolano il bosco, e anche degli alberi e delle piante che vi crescono rigogliosi.

Non servono conoscenze psicologiche o mediche per capire che il bosco ha un effetto benefico. È sufficiente camminarvi attraverso prestando molta attenzione, fermandosi ogni tanto ad ascoltare, a guardare, a sentirne il profumo. Allora per me il bosco diventa qualcosa di meraviglioso che mi fa bene, che agisce in modo benefico sul mio spirito e – si spera – anche sul mio corpo.

### Rituale: *Siediti su una panchina in mezzo alla natura*

Siediti su una panchina, con davanti un bel paesaggio, e poi limitati a contemplarlo. Contempla i prati che si stendono davanti ai tuoi occhi, oppure i boschi che ti circondano. E immagina che sia Dio stesso a pervadere la natura con il suo Spirito. Egli provvede affinché le piante crescano, gli animali abbiano cibo a sufficienza, l'uomo nella natura si senta protetto. E immagina ancora che la natura ti sta sostenendo. Non giudica, proprio come una madre. Puoi essere come sei, senza sforzarti di essere diverso. E poi immagina che lo Spirito di Dio, che pervade tutta la natura, è anche dentro di te. In questo spirito sei legato indissolubilmente a tutta la natura. Sei fatto della stessa materia di cui sono fatti la natura, le pietre, le piante, gli animali, le stelle e il sole. Se prendi consapevolezza di questo, allora potrai sentirti una cosa sola con l'intera creazione. E questa sensazione di unità, di essere una cosa sola, è pervasa di amore. In fondo è l'amore di Dio che pervade tutta la creazione. Cerca di percepire, nella natura e dentro di te, questo amore come una forza che permea ogni cosa. Allora anche solo stare seduto su una panchina diventerà una profonda esperienza spirituale.

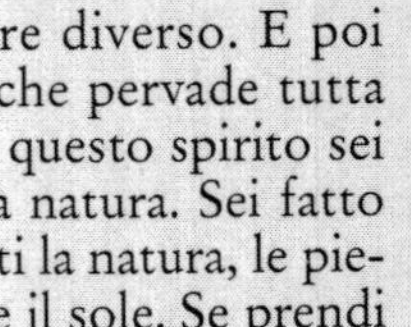

# Coltiva le amicizie
# Prenditi il tempo che ci vuole

Spesso sento persone lamentarsi che trascurano le amicizie per colpa del lavoro e dei tanti impegni che hanno. Si sentono la coscienza sporca perché non riescono a trovare il tempo per stare con gli amici. Ma proprio quando riescono a dedicare almeno un po' di tempo alle amicizie si accorgono quanto siano preziose e quanto sia importante coltivarle.

Già i filosofi greci avevano sottolineato quanto fosse importante l'amicizia per il benessere dell'uomo. Hanno trattato spesso in merito al dono dell'amicizia. I greci erano persuasi che l'uomo avesse bisogno dell'amicizia se non vuole arrecare danno al proprio spirito. Al tempo stesso, però, i filosofi greci sapevano anche che l'amicizia tra due persone è sempre un dono di Dio. Platone ad esempio afferma: "Dio fa gli amici; Dio porta l'amico all'amico". Per Platone, tuttavia, può essere amico dell'altro solo chi è amico di se stesso, chi si comporta amichevolmente con se stesso. Perciò, coltivare l'amicizia implica innanzitutto imparare a comportarsi bene con se stessi, diventare amici di se stessi.

I greci hanno un termine specifico per designare l'amore amicale, ossia *philia*. L'essenza dell'amicizia consiste nell'accettare l'altro incondizionatamente, nel restargli fedele; al tempo stesso, con l'amico anch'io posso essere totalmente me stesso, senza dovermi mettere una maschera. In Grecia, un altro filosofo ha tessuto le lodi dell'amicizia: Epicuro, per il quale ciò che importa davvero è rendere felice l'uomo. Per lui, l'amicizia è un mezzo per raggiungere la beatitudine di una vita realizzata.

Di solito siamo tutti concordi sul valore da attribuire all'amicizia. Ma l'amicizia richiede anche di essere coltivata. Certo, ci sono amici che si vedono pochissimo, ma nel momento in cui si incontrano nuovamente è come se si fossero appena lasciati. Tuttavia si tratta di eccezioni. Io ho il desiderio di sapere come sta il mio amico. Vorrei sentirlo vicino. Vorrei poter far conto sulla sua fedeltà, sul suo aiuto, soprattutto quando non sto molto bene. L'amicizia esige sempre reciprocità. È un costante dare e ricevere. Ma se mi prendo del tempo per coltivare un'amicizia, vivrò l'esperienza felice di cui ci parla il maestro di saggezza Ben Sira nell'Antico Testamento: "Un amico fedele è come una solida tenda; chi lo trova, ha trovato un tesoro" (Sir 6,14).

Un tesoro vuole essere tenuto in grande stima. E questa stima si esprime nel tempo che riesco a dedicare all'amico. Molti pensano: se vuole passare del tempo con me, sarà lui a telefonarmi. Ma forse il mio amico la pensa esattamente come me. Oppure rinunciamo a fare qualcosa con l'amico perché abbiamo già così tanto da fare. Bisogna essere convinti dell'importanza che riveste la ferma volontà di telefonare all'amico per chiedergli di trascorrere del tempo insieme, di organizzare qualcosa insieme, come una bella camminata. Può darsi che l'amico sia contento che l'iniziativa parta da me.

Alcuni si lamentano che tocca sempre a loro cercare di organizzare di vedersi. Ma invece di lamentarsi basterebbe fare una telefonata e chiedere. Se l'amico non può, non è grave. Invece, rimandare sempre una telefonata fa solo del male a un'amicizia. Incontrarsi invece fa sempre bene a tutti e due.

## Rituale: *Dare una forma ben definita a un'amicizia*

Alcuni ritengono che, essendo l'amicizia qualcosa di intimo, di personale, forme e rituali finirebbero per condizionarla. Ma è vero proprio il contrario. L'amicizia ha bisogno di rituali. Puoi provare a concordare questo rituale con il tuo amico, o la tua amica: una volta alla settimana (o una volta al mese, se ritenete che per voi vada bene così) uno dei due telefona all'altro. Se hai l'impressione di essere sempre tu a prendere in mano il telefono per chiamare, allora potete decidere di chiamarvi a turno. Un altro rituale potrebbe essere quello di incontrarvi per una giornata intera almeno una volta all'anno, per fare un'escursione o andare a un concerto, a una conferenza, al ristorante. Molti si lamentano di non avere tempo per gli amici. Ma i rituali donano un senso di sicurezza a un'amicizia. E se decidete di fissare incontri annuali in un certo giorno, allora quel giorno sarà un tempo riservato, che mi farà solo del bene. Aspetterò con gioia il momento di trascorrere del tempo con il mio amico, con la mia amica.

# Non dimenticare la gioia
# È la cosa più bella

"L'anima si nutre di ciò di cui gioisce": lo ha detto sant'Agostino, per spiegare che a nutrirci non è solo ciò che mangiamo. Gioire delle cose è ciò che nutre veramente. La gioia ci fa provare vitalità, senso di appartenenza, energia, e l'anima diventa più forte e vigorosa. Dice Tolstoj: "Il compito che spetta alla vita, ciò a cui è destinata, è la gioia. Gioisci per il cielo, per il sole e per le stelle, per il prato e per gli alberi, per gli animali e per gli uomini". Anche la Bibbia dice qualcosa del genere: "Un cuore gioioso fa bene al corpo, uno spirito oppresso inaridisce le membra" (Prv 17,22). Chi è capace di gioire si sente bene anche nel proprio corpo. E questo stato d'animo soggettivo di benessere influisce anche sullo stato di salute del corpo. Al contrario, chi si lascia soffocare dalla collera e dalle preoccupazioni, fa del male a se stesso.

Anche la psicologia afferma che la gioia è un'emozione positiva. Ci sblocca, ci fa bene. La gioia è qualcosa di più di una semplice emozione. Il vangelo di Giovanni parte dal presupposto che in ognuno di noi scorra una fonte di gioia, anche se dal punto di vista emotivo non ce ne accorgiamo. Spesso viviamo come se questa fonte non esistesse. Le preoccupazioni e le paure hanno finito per soffocarla, al punto che essa non riesce più ad affiorare fino al nostro livello di consapevolezza. Ma è sufficiente una buona parola da parte di qualcuno, o l'ascolto di una musica particolarmente bella, ed ecco che entriamo nuovamente in contatto con la fonte della gioia.

Come fare per tradurre in pratica nella vita quotidiana queste perle di saggezza tratte dalla Bibbia, dalla poesia e dalla psicologia? Un modo per attingere a questa fonte di energia che è la gioia potrebbe essere quello di ricordare tutti gli amici che hanno arricchito la mia vita. Ecco allora una specie di esercizio che vorrei proporre: torna con la memoria alla vita che hai vissuto finora. Certamente ti torneranno in mente tante situazioni in cui hai provato gioia. Magari potresti ricordarti della gioia che provasti da bambino entrando nel salotto addobbato per Natale, dopo il suono della campanella, scorgendo l'albero di Natale con tutte le sue lucine accese, o ascoltando il papà che ti leggeva il vangelo di Natale davanti all'albero illuminato. Se ti lasci andare a ricordi come questo, riesci ancora a sentire la gioia profonda che provasti allora. E sono tantissimi i ricordi che ti regalano gioia. Ripensa al giorno della tua Prima Comunione, quando sei andato incontro ai tuoi genitori col volto risplendente di gioia, reggendo tra le mani la candela accesa, o quando hai sentito di essere tu il festeggiato, circondato dall'affetto dei tuoi cari. O ancora, cerca di ricordare cos'hai provato nel ricevere il diploma di maturità, mentre ti lasciavi alle spalle la fatica della preparazione all'esame e ti accingevi ad affrontare la vita che ti aspettava, con tutte le sue opportunità.

O ancora, ripensa ai giorni di vacanza: ci saranno certamente esperienze che ti hanno reso felice. Un bel paesaggio, gli incontri con persone e culture nuove, la nuotata in un lago circondato da splendide montagne. Forse ti torneranno in mente anche certe escursioni impegnative, coronate dalla gioia di aver conquistato la vetta che hai scalato. Che panorama mozzafiato hai ammirato da lassù! E che orgoglio hai provato nell'essere riuscito a salire così in alto. Poi ripensa anche alle belle serate trascorse in compagnia, quando con i tuoi amici hai gustato il cibo del luogo e assaporato il vino locale, che ha assorbito il gusto del paesaggio.

Ecco un altro suggerimento pratico: prova a fare un "elenco delle gioie", una lista che elenchi tutte le cose che ti procurano gioia e le esperienze di cui hai gioito. Nell'elenco puoi inserire anche eventi del passato. Così, un giorno che ti sentirai particolarmente giù di morale potrai rileggerlo, ritrovando il contatto con la gioia che fin troppo spesso è rimasta nascosta in fondo all'animo. Richiamata dal ricordo di gioie passate, potrà riaffiorare in superficie e farti sentire nuovamente felice. La gioia rimanda sempre al presente, condiziona ciò che sto vivendo adesso. La gioia ci fa sentire vivi, dona leggerezza alla nostra esistenza. E per un momento può riuscire a gettare una luce gioiosa anche sull'esperienza difficile che stiamo vivendo ora, rendendo possibili nuovi sogni.

Allora anche tu potrai sperimentare in prima persona, nella tua vita quotidiana e in situazioni completamente diverse, ciò che affermava sant'Agostino: "L'anima si nutre di ciò di cui gioisce".

## Rituale: *Percepire la gioia nel corpo e nell'anima*

Mettiti seduto in silenzio, chiudi gli occhi ed entra nel tuo corpo. Immagina di percorrere tutto il corpo col tuo occhio interiore: il collo, la nuca, il petto, poi il ventre e il bacino. Prova a capire quali sentimenti sono in te. Forse in ogni parte del corpo ci sono sentimenti differenti. Poi, attraverso tutti questi sentimenti e pensieri cerca di penetrare nel profondo della tua anima. Non è un qualcosa di preciso che puoi collocare in una certa parte del corpo: è semplicemente l'immagine del tuo intimo più profondo. Immagina allora che in questa interiorità della tua anima ci sia una fonte di gioia. Lascia che questa gioia scorra lentamente, affiorando dal fondo della tua anima e percorrendo tutto il corpo e la tua coscienza. Sentirai la gioia pervadere tutto il tuo corpo.

## Chiarisci i rapporti difficili
## E dai attenzione alle tue sensazioni

Ci sono persone che perennemente esigono qualcosa da noi. Cerchiamo di aiutarle, ma poi ci accorgiamo che il nostro aiuto non serve a nulla. A volte l'unica cosa veramente utile è staccarsi da queste persone, allontanarle – con garbo.

Tornano sempre sullo stesso problema. Per puro altruismo non vogliamo abbandonarle, pensiamo che dovremmo aiutarle, perché in fondo non stanno bene. Sono tutti pensieri lodevoli, tuttavia dovremmo anche dare ascolto ai nostri sentimenti e cercare di capire se il nostro aiuto fa davvero bene all'altro, oppure se con la nostra generosità contribuiamo a bloccarlo in un atteggiamento sbagliato. Magari l'altro non desidera affatto cambiare, per paura di perdere così il contatto con noi. Eppure, non costituirebbe forse una sfida per lui cercare di cavarsela per una volta senza di noi, prendendo in mano le redini della propria vita e facendo i passi necessari per tornare a vivere? Ovviamente neanche per noi è facile staccarci da una persona solo perché ci rompe le scatole. La coscienza ci rimorde, e non basta ignorarla. Finisce per riaffiorare di continuo. Dovremmo invece riflettere con tutta calma per capire cosa sia meglio, per noi e anche per l'altro. E a volte è davvero meglio staccarsi da una persona che ci sfinisce. Potrebbe essere una chance anche per questa persona, per confrontarsi con la sua verità e cercare di capire cosa nel suo comportamento risulta fastidioso. Inoltre potrebbe costituire una sfida per compiere i passi necessari e possibili per riuscire a vivere meglio.

Ma di distacco bisogna parlare non solo a proposito di persone che richiedono il nostro aiuto. A volte anche amicizie di lunga data finiscono per diventare faticose. L'amicizia è un bene prezioso, non bisogna rinunciarci alla leggera. Ma so di persone che quando si trovano con un amico o un'amica finiscono regolarmente per litigarci. Accuse reciproche, equivoci, rimproveri di reciproca scarsa considerazione e comprensione. Tra due amiche, una si sente continuamente offesa dall'altra e la rimprovera aspramente. Allora, per salvare l'amicizia, l'altra finisce per dargliela vinta. Poi però non si sente più a suo agio. In una vera amicizia, non dovrebbe essere necessario piegarsi, cambiare atteggiamento. Se devo costantemente scusarmi per quello che dico, l'amicizia diventa solo un peso. E allora, o si riesce a discuterne apertamente e a rinnovare l'amicizia su nuove basi, oppure bisogna accettare il fatto di essere arrivati a un punto in cui si capisce che quell'amicizia ha fatto il suo tempo. Siamo stati bene per tanti anni, ci siamo aiutati reciprocamente, abbiamo fatto esperienze bellissime, ma adesso forse è meglio allontanarci, magari solo per un po' di tempo. Poi, tra un anno, sarà possibile capire se il desiderio di rinnovare l'amicizia è più forte della distanza che si è creata fra noi. Ma è importante che questo distacco avvenga serenamente, non alla fine di un litigio.

Un buon rituale potrebbe essere quello di fermarsi insieme a ricordare tutte le cose belle e le esperienze arricchenti condivise insieme negli anni passati, per poi augurarsi reciprocamente buona continuazione, su una strada che porti a una maggiore libertà, a più amore, pace e vitalità.

Rituale: *Preparare bene il commiato*

Quando decidi di separarti da un amico, o da un'amica, sarebbe opportuno pensare a un rituale di commiato. Vi ritrovate ancora una volta insieme, e ciascuno di voi racconta all'altro che cosa abbia significato per lui l'amicizia, quali belle esperienze ricorda e cosa gli ha insegnato. Ciascuno ringrazia l'altro per l'amicizia e per tutto ciò che di buono l'amicizia gli ha donato, e gli dice cosa gli augura per il futuro.
Un buon rituale potrebbe essere anche quello di scrivere in una lettera tutte le belle esperienze che ricordate, ringraziando l'altro per la sua amicizia e consegnandogli la lettera al momento del commiato. Dopo aver lasciato tempo sufficiente a entrambi per esprimere i propri pensieri, ascoltandovi reciprocamente con attenzione e senza interrompervi, potrebbe essere una buona idea quella di andare a mangiare qualcosa insieme. Il rituale conserverà gelosamente il passato. Ciò che l'amicizia ha donato a ciascuno di voi rimane per sempre. Ognuno se lo porta nel cuore con gratitudine. Ciò che è stato, è stato bello. Adesso però entrambi sentite che è giunto il momento di percorrere strade diverse. Ognuno ha la propria strada, che l'altro non deve giudicare. Anzi, auguratevi reciprocamente la benedizione di Dio sulla vostra nuova strada.

# Impara a dire "Basta!"

Molti si lamentano di non riuscire a staccare la spina. Quando tornano a casa dopo una faticosa giornata di lavoro, continuano a proiettarsi il "film" che li ha accompagnati per tutto il giorno. E anche se si prendono il tempo per fare una camminata, non riescono a liberarsi dalle mille preoccupazioni che li assillano, o dai tanti pensieri che di per sé non sono particolarmente importanti, però risultano ossessionanti.

Cosa si può fare, quando abbiamo troppi pensieri per la testa? Quando si srotolano come la bobina di un film, togliendoci la serenità? Un buon metodo consiste nel concentrarsi su ciò che si sta facendo. Se vado a camminare, mi concentro su ogni passo che faccio, senza pensare a null'altro. Oppure mi abbandono completamente ai miei cinque sensi: contemplo il paesaggio che mi circonda, ascolto il fruscio del vento e il cinguettio degli uccellini, annuso gli odori che mi avvolgono da ogni parte. O ancora, mi concentro sulla respirazione. Se mi concentro interamente sul mio corpo, tolgo alla testa la sua supremazia. La testa è costantemente irrequieta, produce di continuo pensieri, non mi dà tregua. Ma ci sono volte in cui devo assolutamente allontanare da me i pensieri che continuano a riaffiorare. Devo semplicemente dire a me stesso "Basta! Adesso non ci penso più. Me ne occuperò domani, al lavoro. Ora sono qui e mi gusto questo momento in cui sto camminando, sono seduto, sto ammirando il paesaggio, sto parlando con il mio amico". Un altro modo per staccare la spina potrebbe essere questo: lascio spazio a tutti i pensieri che mi assillano, non cerco di reprimerli. Però non sto a rimuginarci sopra: prendo atto che ci sono, e lascio che se ne vadano via. Non cerco di oppormi a questi pensieri, semplicemente li lascio andare, perché in questo momento non sono così importanti. Passano, come passano le nuvole in cielo. Se riesco a lasciar passare così tutti i pensieri che affiorano dentro di me, a poco a poco resterò interiormente svuotato.

Ma essere svuotati è un obiettivo a cui non tutti puntano, perché molte persone preferiscono essere piene di idee, prendere saldamente in mano la propria vita e viverla consapevolmente. Eppure, proprio quando riusciamo a raggiungere questa dimensione di svuotamento interiore, priva dei pensieri che ci assillano costantemente, ecco che in noi nascono idee nuove. È un'esperienza che faccio spesso anch'io: quando scrivo un libro o un articolo, se provo a riflettere intensamente il più delle volte non ottengo proprio nulla. Allora mi stendo un attimo sul letto e cerco di limitarmi ad esistere, abbandonandomi alla stanchezza. E all'improvviso mi arrivano nuove intuizioni, così ora so cosa devo scrivere. Dunque il vuoto interiore è una fonte di creatività. Chi studia il cervello umano ritiene che quando il cervello è in pausa si rigenera. Diventa nuovamente capace di elaborare nuove idee.

Nel buddismo, lo scopo della meditazione – ad esempio nella meditazione zen – è quello di svuotarsi interiormente. E il vuoto non è semplicemente freddo, è piuttosto il luogo in cui il mistero di Dio mi si rivela. Devo svuotarmi, perché Dio possa dimorare in me. La tradizione cristiana cita spesso questo versetto: "Fermatevi e riconoscete che io sono Dio" (Sal 46,11). Solo se lascio perdere tutti i miei pensieri riesco a riconoscere Dio. I monaci parlano di *vacare Deo*: svuotarsi per Dio, diventare liberi per Dio. *Vacare* può avere anche il significato di "essere libero, vuoto". Solo se la mia casa interiore non è occupata, se è vuota, Dio può prendervi dimora. Se la mia anima è occupata da troppi pensieri non vi è più spazio per Dio. Dunque uno degli obiettivi della vita spirituale è anche quello di svuotarsi dai troppi pensieri che intasano la testa per aprirsi a Dio, affinché riempia il mio vuoto con il suo amore.

## Rituale: *L'esercizio del custode della porta*

Come rituale vorrei proporre un esercizio sviluppato da Evagrio Pontico nel IV secolo. Lui lo ha chiamato "l'esercizio del custode della porta". Me ne sto seduto in camera mia, senza fare nulla: non leggo, non medito, non prego e non mi dedico alla riflessione. Ovviamente non ci riesco, perché ci sono pensieri che continuano a occuparmi la mente. Evagrio allora mi invita a essere un bravo custode della porta. Ad ogni pensiero che mi si affaccia alla mente devo chiedere: hai intenzioni amichevoli o ostili? Sei un occupante abusivo che intende violare il mio domicilio? Oppure hai da dirmi qualcosa di importante? Così lascio entrare solo i pensieri che mi sembrano significativi, salutari, che mi lasciano intuire qualcosa di fondamentale. Tutti gli altri li lascio fuori, li chiudo fuori dalla porta. È un esercizio molto saggio. Certo, non riesco a bloccare tutti i pensieri, non è possibile. Però posso fermarmi a considerarli, per capire quali posso lasciare entrare in me e quali invece devo rimandare via.

## Hai bisogno di un luogo di rifugio tutto tuo, indisturbato e silenzioso

Molti amici mi invidiano la possibilità che ho di ritirarmi nella mia cella, chiudere la porta ed essere sicuro che nessuno verrà a disturbarmi. Neanche il telefono può raggiungermi quando sono lì, perché il telefono è in ufficio dell'amministrazione. Ma non potrebbe essere così anche nella normale vita di tutti i giorni?

Tante persone che vivono in famiglie in cui devono costantemente prendersi cura dei figli, dei nipoti o dei genitori anziani desidererebbero tanto avere un loro luogo rifugio. Certo, la dimensione che viviamo noi in convento non può essere riprodotta tale e quale. Tuttavia esistono anche modi di crearsi luoghi rifugio analoghi nella vita di tutti i giorni. Per alcuni può trattarsi della chiesa vicina. Si siedono tranquilli su una panca, nella chiesa vuota, e gustano la consapevolezza che nessuno li può raggiungere lì. Non devono neppure sentirsi obbligati a pregare. Si godono semplicemente il silenzio. Lasciano che l'architettura della chiesa agisca su di loro trasmettendo un senso di pace e serenità, facendo capire loro che grazie alla loro fede non sono da soli, ma sono sostenuti da tutte le persone che hanno pregato in quel luogo e dai santi raffigurati nei dipinti alle pareti.

Altri riescono a crearsi in casa delle isole in cui potersi ritirare. C'è chi libera una stanzetta, creandovi una sorta di angolo della spiritualità. Appendono al muro un'icona di Cristo, con una candela e preparano un cuscino o un posto comodo dove sedersi per pregare. Così, quando ne avvertono la necessità, possono ritirarsi in questo luogo e restarci indisturbati. Lì il telefono non può raggiungerli, e nemmeno gli altri con le loro richieste. Alcuni scelgono di ritagliarsi un momento sempre alla stessa ora, ne fanno un rituale e si ritirano nella loro stanzetta ogni giorno per 10-20 minuti. Trascorrono questo tempo meditando, o semplicemente standosene seduti, escludendo la pressione sotto cui vivono costantemente. E si godono quei venti minuti di tempo santo, che appartiene solo a loro e nel quale possono semplicemente esistere, senza dover per forza fare qualcosa o puntare a qualche obiettivo.

Una volta tutte le case avevano un "angolo del Signore". Mi piacerebbe che tu ti fermassi un attimo a riflettere: quali sono le mie isole personali in cui trovare rifugio? Posso riuscire a crearle dentro casa mia? Può essere sufficiente la comoda poltrona in cui sprofondo senza dover fare nulla? Oppure mi piacerebbe allestire un mio angolo di preghiera? Posso concedermi un ambiente in cui potermi ritirare di tanto in tanto? Oppure è meglio pensare a un luogo al di fuori del mio appartamento, come una chiesa, o una panchina ai margini del bosco? O un altro luogo tranquillo? Pensa alle possibilità che hai e a come sarebbe bello poterti ritirare per qualche minuto in questo luogo. È importante che il tuo luogo di ritiro sia anche accogliente. Ti auguro di tutto cuore che lì tu ti senta perfettamente a tuo agio, protetto e avvolto dalla presenza amorevole di Dio.

### Rituale: *Ascolta il silenzio*

Cerca un luogo molto silenzioso. Potrebbe essere una stanza in casa tua nella quale il frastuono della strada non riesca a penetrare. Oppure una chiesa in cui regni il silenzio, o anche un bosco in cui non giunga il rumore di motori. Se sei in una chiesa, mettiti seduto e ascolta il silenzio. Se sei nel bosco, resta semplicemente immobile ad ascoltare la quiete che ti circonda. Cosa senti? E se non senti niente, quali sono le caratteristiche di questo silenzio? Non pensare a nulla, non è questo il momento di risolvere problemi. Resta semplicemente seduto, o in piedi, e ascolta il silenzio. Certo, in testa ti frulleranno comunque dei pensieri, ma tu cerca sempre di tornare alla percezione del silenzio che ti circonda. Cosa si allarga attorno a te? Riesci a immaginare che possa trattarsi dell'amore di Dio? O della benedizione di Dio che ti sta avvolgendo? O anche solo una presenza amorevole? Se poi rischi di disperderti nuovamente nei tuoi pensieri, cerca di tornare ogni volta a concentrarti: adesso non devo pensare a niente, non devo fare niente. Cerco di esistere, e basta. Come il silenzio, che è ed è puro essere. Forse allora anche in te si farà tutto silenzio. Non sarai più in grado di descrivere cosa sta avvenendo dentro di te. Magari però potrai cogliere il mistero che ti circonda e che è anche nel fondo della tua anima. Un mistero silenzioso, del quale non è più possibile parlare.

# Chi sa staccare la spina, ha di più dalla vita

Si parla dei giovani di oggi come della "generazione dello smartphone". Chattano su whatsapp, postano foto e storie su Instagram, guardano video su YouTube. L'85% dei ragazzi tra i 12 e i 17 anni resta online col cellulare in media tre ore al giorno, come rivela uno studio del Centro Tedesco per i problemi delle dipendenze in età infantile e adolescenziale. Ma si tratta di un comportamento assai diffuso anche tra gli adulti: molti non riescono neanche più a immaginare la loro vita senza cellulare. Si innervosiscono se lo dimenticano in macchina o se non riescono a trovarlo. Ovviamente la questione non è il possesso di un cellulare in sé, ma del suo utilizzo. Molti percepiscono tale oggetto come un peso: sono raggiungibili sempre e dovunque. Per cui la rinuncia anche solo temporanea al cellulare diventa un lusso. Ma un lusso che di tanto in tanto dovremmo concederci. Anzi, sarebbe davvero opportuno imporci consapevolmente delle pause di tempo in cui rinunciarci.

Conosco famiglie in cui si è deciso che alle otto di sera tutti i cellulari vengono messi in ricarica. Quindi, da quell'ora nessuno più in famiglia è raggiungibile. È una decisione veramente salutare per la famiglia. I genitori possono giocare con i figli senza timore di essere continuamente interrotti da una chiamata o da una notifica su qualche applicazione.

Ci sono aziende che pretendono che i dipendenti siano raggiungibili in qualsiasi momento. Se poi l'azienda ha contatti a livello internazionale, spesso questa reperibilità si estende alle ventiquattro ore. Infatti, in Cina si comincia a lavorare quando negli Stati Uniti ormai è sera. Quindi bisogna essere raggiungibili in tutto l'arco della giornata. È una prassi in contrasto con i bioritmi umani, e alla lunga fa ammalare. Quindi è compito dell'azienda tutelare i propri dipendenti. L'eventuale reperibilità andrebbe ripartita su più persone, in modo da garantire un periodo di qualche settimana senza chiamate notturne.

Un tempo la Chiesa proponeva l'ascesi come ricerca di una vita migliore attraverso la rinuncia. Oggi questa ascesi potrebbe assumere nuove forme: la temporanea rinuncia, ad esempio, alla reperibilità totale – nel senso che per un certo lasso di tempo rinuncio a rispondere immediatamente a una chiamata. Ci sono persone che si portano lo smartphone o il cellulare anche a letto, per paura di perdersi qualcosa di importante. Ma così facendo si perdono ciò che è davvero fondamentale: il riposo notturno, un sano sonno e la libertà interiore di cui abbiamo disperatamente bisogno per affrontare la vita. Anche tu nel tuo quotidiano hai bisogno di trovare momenti di pausa in cui nessuno possa disturbarti, perché hai bisogno di ritrovare te stesso e di restare un po' con te.

**Rituale:** ***Il digiuno dal cellulare – una proposta molto concreta***

Se vogliamo imporci un digiuno dal cellulare, dovremmo avere in mente tempi ben precisi. Ad esempio, potrebbe essere una buona abitudine quella di spegnere tutti i cellulari quando ci si siede a tavola per cenare. Allora la cena diventa un'occasione per stare insieme senza essere disturbati. Se invece è troppo presto per spegnerli, allora potrebbe bastare metterli in modalità silenziosa almeno per il tempo della cena. È importante che ci sia un momento in cui la famiglia non è raggiungibile. Sta a ogni famiglia decidere quando potrebbe essere il momento migliore. Potrebbe essere anche opportuno comunicare questo rituale a parenti e amici, ma anche all'azienda, per favorire un rapporto più chiaro con le persone con cui abbiamo a che fare. Molti non ne hanno il coraggio, eppure se provassero a spiegare la decisione che hanno preso troverebbero più comprensione di quanto possano immaginare. E magari molti ne seguirebbero l'esempio, provando a capire quale rituale potrebbe essere più adatto per praticare questo "digiuno dal cellulare".

## Libertà attraverso la rinuncia
## L'importante è fare esercizio

Siamo bersagliati quotidianamente dai messaggi pubblicitari, dall'invito costante a "permettersi" qualcosa, a consumare, a comprare. La quaresima è un tempo di rinuncia. Molte persone ovviamente attribuiscono alla rinuncia un connotato negativo. La percepiscono come un divieto, perché preferirebbero permettersi ciò che vogliono. Ma se la mia rinuncia non avviene "a comando", se sono io a decidere di rinunciare a qualcosa, mi accorgo che la mia libertà interiore ne può uscire rafforzata. E questo vale non solo per il periodo della quaresima. Ogni giorno può offrirmi la possibilità concreta di esercitarmi nella pratica della rinuncia, ricavandone maggiore libertà e una fonte a cui attingere forza.

Il termine *verzicht*, "rinuncia", deriva originariamente dal linguaggio giuridico. Si ricollega all'antico lemma *verzeihen*, "perdonare, condonare", ossia non avvalersi di un diritto che mi spetta. Ci rinuncio. Il verbo *zeihen*, "imputare", originariamente significava accusare qualcuno, tacciarlo di qualcosa. Invece, perdonare implica la mia rinuncia ad accusare qualcuno. Alla fine ne è derivata l'accezione attuale: io rinuncio a un diritto che mi spetta, mi nego qualcosa a cui ho diritto.

Sigmund Freud, il fondatore della psicanalisi, affermò una volta che chi non sa rinunciare a qualcosa non svilupperà mai un Io forte. Freud scrive soprattutto a proposito dei bisogni dell'uomo. Già il bambino desidera soddisfare i propri bisogni, o che siano i suoi genitori a soddisfarli per lui. Se i bisogni fondamentali di un bambino – amore, affetto, protezione, sicurezza, nutrimento, assistenza – non vengono soddisfatti adeguatamente, da adulto avrà difficoltà ad avere un buon rapporto con le sue necessità. Avrà sempre l'impressione che gli manchi qualcosa, per cui sentirà l'esigenza di soddisfarli immediatamente. Ma questo è un segno di immaturità. La persona matura ha sviluppato la capacità di decidere liberamente quali bisogni soddisfare e a quali rinunciare.

Gli antichi greci non parlavano tanto di rinuncia quanto di ascesi. E l'ascesi implica esercizio e allenamento. L'allenamento, o *training*, è la pratica tipica di preparazione a una gara. Con l'ascesi ci prepariamo a superare la sfida della vita. Ci educhiamo (il termine inglese *train* significa "tirare", "educare") affinché la nostra vita abbia successo. Una caratteristica saliente dell'ascesi è anche il desiderio, la voglia di rinunciare a qualcosa. Ne ricavo una sensazione di appagamento: ce l'ho fatta, ho rinunciato alla soddisfazione di un bisogno. È come uno sport. Se non mi sento costretto a soddisfare immediatamente lo stimolo della fame, mi sento libero. Molti si lamentano di non riuscire a dimagrire, ma è perché si sentono obbligati a soddisfare subito, mangiando, lo stimolo della fame. Se passeggiando per le vie della città adocchio un bell'abito o un bell'orologio, è segno di libertà ammirare ciò che è bello e poi proseguire, senza comprarlo. L'acquirente compulsivo si arrabbia perché finisce sempre per spendere troppo, senza per questo essere mai del tutto soddisfatto. Se, consapevole di questa sensazione di libertà, io riesco ad ammirare le vetrine in cui sono esposti begli oggetti senza provare l'impulso di acquistarli, mi sento davvero libero. Mi sento bene. Sento di essere protagonista della mia vita, invece di essere un soggetto passivo.

Ovviamente, come ogni atteggiamento anche questo può arrivare all'esagerazione. Ci sono persone che molto difficilmente si concedono qualcosa. Certo, sono molto brave a rinunciare, ma questa rinuncia per loro diventa una sorta di costrizione. E finiscono per confondere la rinuncia con il rifiuto della vita. Questo è evidente nel disturbo dell'anoressia. Chi è anoressico sa rinunciare, ma ha anche il terrore di gustare qualcosa, per paura di non essere più in grado di smettere di gustare. Non sa cosa sia la giusta misura. Ed esagera nel rinunciare. Dunque entrambi i poli sono essenziali: rinunciare e gustare, concedersi qualcosa e negarsi qualcos'altro. Solo se siamo capaci, con grande libertà, di governare questi due poli ci sentiamo veramente liberi. Sentiamo di essere persone mature, in grado di decidere in totale autonomia quando possiamo rinunciare e quando possiamo concederci qualcosa.

### Rituale: *L'immaginazione come esercizio alla rinuncia*

Prova a pensare a qualcosa che mangi molto volentieri. Pensa per esempio a un gelato. Nella tua immaginazione passi davanti a una gelateria che offre una grande varietà di gusti. Però ti compri solo una pallina. Come gusteresti questa pallina? Penseresti tutto il tempo agli altri gusti che non hai preso, oppure riusciresti a concentrarti sulla tua pallina assaporandola con piacere? Oppure immagina ancora di passare davanti alla gelateria senza prenderti nulla. Come ti sentiresti? Ti dispiacerebbe non esserti offerto quel gelato? Oppure sei contento di essere riuscito a passare davanti alla gelateria senza fermarti? Magari penserai di aver fatto bene... per questioni di peso. Prova a immaginare che continui tranquillamente a camminare, sentendo una grande libertà interiore. Ecco, penserai, mi sento libero di comprarmi qualcosa o anche di rinunciarvi. E sono orgoglioso di aver dimostrato a me stesso questo genere di libertà.

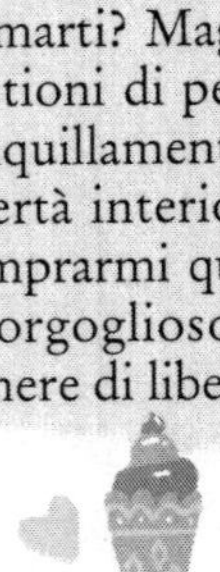

# Medita
# E trai nuovo vigore dalla preghiera

Noi monaci dedichiamo ogni giorno del tempo alla meditazione. Il tempo successivo al Mattutino è riservato alla meditazione. Questa pratica favorisce la mia quiete interiore. Ogni giorno io medito con la preghiera di Gesù. Inspirando ripeto queste parole: "Signore Gesù Cristo", lasciando che l'amore di Gesù fluisca nel mio cuore. Ed espirando completo la preghiera, "Figlio di Dio, abbi pietà di me", immaginando che l'amore di Gesù penetri profondamente nel mio corpo e nella mia anima. Ripetendo queste parole posso fare in modo che l'amore di Gesù fluisca nelle mie emozioni, nella mia collera, nella mia paura, nella mia tristezza. Se continuo per un po', sento che le emozioni si trasformano. La collera si tramuta in quiete, e nella tristezza colgo un amore che, pur non disperdendola, tuttavia le conferisce un sapore diverso. Allora non lotto più contro la tristezza, ma la accetto per quello che è e in essa mi sento amato da Dio.

Un altro modo per meditare con le parole della preghiera di Gesù consiste nel non prestare alcuna attenzione a emozioni e pensieri. Anche se in testa frullano continuamente pensieri di ogni tipo, non ci bado. Li lascio passare come nuvole in cielo. Nello spazio interiore di silenzio, in fondo al cuore, le parole della preghiera di Gesù mi fanno da guida[1]. Parole e respiro mi accompagnano fino a questo spazio di silenzio interiore, che è spazio di amore. Qui anch'io riesco a fare silenzio, e mi sento libero, protetto, al sicuro. In questo spazio interiore entro anche in contatto con la fonte interiore, la fonte dello Spirito santo. È sempre dentro di me, anche se non sempre la percepisco. Capita infatti fin troppo spesso che io sia tagliato fuori, lontano da questa fonte. Essa è per me al tempo stesso la fonte dell'amore di Dio, un amore che non si esaurisce mai. Perciò non devo costringermi ad amare, è l'amore stesso che fluisce dentro di me. E quando esso pervade il mio corpo, e poi fluisce anche verso gli altri, sento che mi fa bene. È un amore a cui non devo forzarmi, imbrigliato come sono nelle opinioni negative che ho degli altri. Anzi, esso scorre spontaneamente verso gli altri.

Tuttavia ci sono persone che praticano quotidianamente la meditazione, ma la percepiscono come una sorta di *performance*. Sono orgoglio-

[1] Per un ulteriore approfondimento sulla preghiera del cuore vedi *L'esicasmo, Cos'è, come lo si vive*, Gribaudi.

si del fatto di riuscire a meditare ogni giorno mezz'ora. Ma così facendo si pongono involontariamente al di sopra degli altri, si sentono superiori. E hanno l'impressione di fare qualcosa per Dio. Ma in questo modo la meditazione non ci accompagna alla fonte interiore, al contrario: ci costa energia e disciplina. Infatti siamo sempre tesi a cercare di farcela, a cercare di tener duro. Corriamo il rischio non tanto di scoraggiarci, quanto di insuperbirci, alterando così il significato della meditazione. Chi pratica la meditazione in modo corretto, si sente una cosa sola con tutti gli uomini. Non si pone al di sopra di essi, ma tutto ciò che sente negli altri lo percepisce anche in se stesso, e lo immerge nell'amore di Dio.

La meditazione non è per tutti il luogo adatto in cui incontrare Dio. Per molte persone lo è semplicemente la preghiera. Qual è la differenza tra preghiera e meditazione? La meditazione è un metodo ben strutturato per giungere al silenzio attraverso il respiro e le parole. Pregare significa semplicemente incontrare Dio, parlare con Dio, presentarsi a Dio così come siamo, con tutti i nostri pensieri e i nostri sentimenti. Nella preghiera offriamo a Dio le nostre emozioni, i nostri pensieri, i problemi e i conflitti, confidando nel fatto che l'amore di Dio penetrerà in essi e li trasformerà. Questo modo di pregare è una grande fonte di energia. Comprendiamo infatti che non dobbiamo fare tutto da soli, ma che la grazia di Dio ci circonda e ci avvolge. La grazia di Dio può tramutare in benedizione tutto ciò contro cui lottiamo, spesso inutilmente. La grazia di Dio sa fluire attraverso tutte le nostre ferite, ma anche attraverso i nostri errori e le nostre fragilità, trasformandoli. Se preghiamo così, allora la preghiera diventa per noi fonte di energia. Cessiamo di fuggire da noi stessi e davanti a Dio ritroviamo la pace. E in questa pace davanti a Dio, sentiamo dentro di noi una fonte di energia che ci spinge a voler vivere nello Spirito di Dio, a fare ciò che è conforme a questo Spirito di Dio.

### Rituale: *Siediti in chiesa e pratica il silenzio*

Che la preghiera si irradi tutt'attorno lo puoi sperimentare di persona entrando in una chiesa e restandovi seduto, in silenzio. Prova a pensare che in questa chiesa si prega da tantissimi anni. Si pregava qui in passato, quando ancora la chiesa esercitava la sua influenza sulla società. Si pregava qui negli anni in cui la Chiesa era perseguitata. E qui si prega ancora oggi, in un mondo in cui in molte regioni i cristiani vivono nell'oppressione. Prova a immaginare che in questa chiesa la preghiera non resta inefficace. La chiesa quale luogo di preghiera si erge in questa città, in questo paese, in questo

paesaggio. È un segno di speranza, la speranza che la preghiera di tanti cristiani metta in movimento qualcosa nel mondo. Immagina che da qui si diffonda una corrente di energia buona, un tremito che scuota il potere dei malvagi e che spazzi via le cose ingiuste.
E infine cerca di pregare anche tu, di immetterti in questo flusso di preghiera che coinvolge tante persone, di pregare per questo mondo. Puoi pregare con parole tue, ma puoi anche recitare lentamente il Padre Nostro. Allora ti sentirai in comunione con tutte le persone che hanno pregato qui il Padre Nostro, riuscendo ad affrontare la vita con le sue difficoltà. Abbi fiducia: la tua preghiera non resterà senza efficacia. Anche se ritieni di poter fare ben poco di fronte agli eventi funesti di questo mondo, abbi fiducia: la preghiera qualcosa otterrà. Anche solo se tu uscirai dalla chiesa trasformato dalla preghiera, attorno a te diffonderai una sensazione benefica, che come un'onda si allargherà e giungerà lontano.

# Ravviva i ricordi
# E i ricordi ravviveranno te

Anche nella vita di tutti in giorni sono necessarie delle soste, perché non diventi troppo frenetica. Dobbiamo fermarci, buttare l'ancora in un fiume che altrimenti scorre continuamente in avanti. Fermarsi un attimo e abbandonarsi ai ricordi fa bene. Ricordare è necessario per poter vivere pienamente il presente. I ricordi collegano l'istante che stiamo vivendo a tutto il nostro vissuto. Ci rimettono in contatto con le radici che ci nutrono. Abbiamo bisogno di queste radici per riuscire a vivere bene il momento presente.

L'assenza di radici fa ammalare l'uomo. Lo psichiatra svizzero Daniel Hell ritiene che la mancanza di radici sia una delle cause principali della depressione, una patologia che oggi si manifesta sempre più spesso. I ricordi sono le nostre radici, ci riportano alle esperienze che abbiamo fatto nel corso della nostra vita. Certo, i ricordi possono costituire anche una fuga dalla realtà se ci limitiamo a vivere nostalgicamente in un passato trasfigurato negando il presente. Tuttavia la memoria non è soltanto una fonte dalla quale attingere energia per vivere e che arricchisce il momento che stiamo vivendo, ma è anche in grado di fornirci chiavi di lettura delle esperienze passate per impostare il presente e favorire un buon futuro. Dobbiamo tenerlo presente non solo per come viviamo insieme agli altri, ma anche per come organizziamo la nostra vita e per una ricerca di significato: quanto più invecchiamo, tanto più importanti diventano i bei ricordi. I ricordi sono il motivo per cui possiamo guardare al futuro con fiducia. Lo psicologo e autore di testi di spiritualità Henri Nouwen è convinto che la nostra speranza sia basata sui ricordi: "Senza ricordi non ci sono aspettative. Non siamo sempre consapevoli che tra le cose migliori che possiamo scambiarci ci sono anche i bei ricordi"[1].

Il poeta Jean Paul una volta ha detto: "Il ricordo è l'unico paradiso dal quale non possiamo essere cacciati". Con ciò non pensava a una mistificazione del passato, ma ribadiva che chi sa leggere nel libro dei suoi ricordi sa stare bene anche da solo. E sa tener duro anche in situazioni non propriamente gradevoli. Sa sopportare le avversità, perché grazie al ricordo può attingere alla forza e alla saggezza acquisita negli anni, con

[1] Vedi in proposito di Henri Nouwen, *Aforismi dei Padri del deserto*, con disegni di Yushi Nomura e *Essere amati, Meditazioni*, (Gribaudi).

la quale modellare la propria vita. Al tempo stesso può ricordare anche l'aiuto ricevuto da Dio o da altre persone. Può trovare conforto nella consapevolezza che se guarda al passato vede che tante cose poi si sono sistemate, hanno avuto buon esito. Nel ricordo può riuscire a capire che tante volte Dio lo ha sostenuto e aiutato lungo il sentiero della vita.

Henri Nouwen vede nel ricordo anche un tesoro interiore che portiamo dentro di noi: "Quanto più invecchiamo, tanto più numerosi diventano i ricordi, e prima o poi ci accorgiamo che la maggior parte, se non tutto quanto, di ciò che abbiamo, è ricordo". Ma per Nouwen è fondamentale il modo in cui ricordiamo. Certi cercano nella memoria solo ricordi problematici, oppure si macerano in sensi di colpa. Altri ricordano solo ferite e offese ricevute, o solo opportunità sprecate. Sono ricordi che ci avviliscono e basta. Ma esistono ricordi benefici, in grado di risanare le nostre ferite. Di questi ricordi scrive il filosofo Max Scheler: "Ricordare è l'inizio della libertà dal potere occulto della cosa ricordata o dell'evento ricordato". Mentre ricordiamo, cambia anche il nostro atteggiamento nei confronti di ciò che è stato. Non ci lasciamo condizionare dal passato, ma lo trasformiamo in una fonte di vita e di libertà.

**Rituale:** ***Una lettura particolare – il libro della tua vita***

Prenditi il tempo per leggere nel libro della tua vita. Mettiti seduto comodo e prova a ripensare a quando eri bambino. Quali situazioni ti tornano in mente? Che cosa ti rivelano di te stesso? Per aiutarti, puoi ricorrere a vecchie fotografie risalenti ai vari periodi della tua vita. Osserva le foto della tua infanzia: che cosa scopri sul tuo volto, nei tuoi occhi? Che cosa entusiasmava il bambino che vedi, e cosa lo stimolava? Poi passa agli anni della pubertà e poi della gioventù. Come ti sei sentito da giovane adulto? Quali sono stati gli avvenimenti decisivi della tua vita di giovane, e poi di giovane adulto? Continua a leggere nel libro, arrivando agli ultimi anni, e infine domandati: chi sono io? Cosa mi ha fatto diventare quello che sono? Chi è questa persona, unica in sé, che si è conservata lungo tutte le tappe della vita? Cosa voleva dirmi Dio in tutta la mia vita? Cosa vorrei trasmettere agli altri con la mia vita? Infine cerca di ringraziare Dio per la tua vita. Guarda a tutte le tappe della tua vita indossando gli occhiali della gratitudine. Vedrai che ti si svelerà sempre più chiaramente il mistero della tua vita. Avrai inoltre la sensazione di leggere un libro estremamente interessante: la tua vita è un libro che non potrai mai leggere fino in fondo, perché in essa ci sarà sempre qualcosa di nuovo da scoprire.

# Lasciati raccontare com'è la vita
# Ascolta gli anziani

Senza trovare un riscontro non riusciamo a vivere bene. Secoli fa Cicerone affermava: "Se un uomo salisse in cielo e contemplasse la natura dell'universo e la bellezza delle stelle, questa visione meravigliosa non sarebbe per lui fonte di gioia; ma quanto più gioiosa sarebbe se avesse anche solo una persona a cui poterlo raccontare". Ciò che Cicerone ha intuito vale anche per i giorni nostri: traiamo grande forza dall'ascoltarci vicendevolmente e dall'aprire il nostro cuore agli altri. Riuscire a comunicare con l'altro, sentire di essere ascoltati, sentire che ciò che proviamo trova riscontro nell'altro, è una delle esperienze più positive che possiamo fare, è un momento di autentica felicità.

Possiamo rendere possibili esperienze come questa ogni volta che vogliamo – per noi e anche per gli altri. Ad esempio potremmo invitare delle persone anziane a una serata di racconti, facendo così qualcosa di buono per noi stessi e anche per loro. Non è difficile tradurre in pratica questa idea: basta invitare semplicemente un paio di persone anziane a raccontarci la loro vita. L'insegnamento che ne trarremo allo stesso tempo elementare e importante: ogni destino ha una sua dignità. Magari, durante il racconto possiamo provare a chiedere come si sono sentite in questo o quel momento, o cos'hanno provato in una certa situazione. In questo modo percepiscono il nostro interesse e si sentono valorizzate. Se ascoltiamo con attenzione e poniamo delle domande, diventiamo partecipi della loro esperienza di vita e ci rendiamo conto che ogni destino ha una sua dignità. Non soltanto veniamo a conoscenza del passato di queste persone, ma alla fine guardiamo con occhi nuovi anche alla nostra stessa storia personale. La storia della loro vita diventa per noi una sorta di specchio in cui conoscerci e riconoscerci. Nel momento in cui ci fermiamo a riflettere sul modo in cui hanno governato la loro vita e le difficoltà che l'hanno costellata, e su come avremmo reagito noi al loro posto in quelle situazioni, la vita delle persone anziane diventa per noi un invito pressante a vivere bene la nostra stessa vita.

E c'è anche un ultimo insegnamento, ossia l'importanza di riconciliarsi con la propria storia personale. Mia madre ha presieduto per lungo tempo l'associazione femminile della nostra parrocchia. Ogni lunedì pomeriggio queste anziane signore si incontravano e prendevano il caffè insieme. A turno, una delle signore portava un dolce fatto in casa. Un giorno mi trovai presente anch'io, all'epoca ero un giovane sacerdote. Le signore raccontavano della loro vita e di tutto quello che avevano fatto insieme. Mi stupii della sincerità delle loro parole. Non avvertivano più il bisogno di vantarsi, anzi, raccontavano molto semplicemente la loro vita tra alti e bassi, successi e insuccessi. E quelle che ascoltavano non emettevano alcun giudizio su quanto veniva raccontato. Ascoltavano attente e con grande partecipazione. Per tutte loro si trattava di una specie di incontro terapeutico, dal quale alla fine uscivano rinvigorite e molto spesso anche intimamente più libere. Raccontarsi aveva permesso loro di riconciliarsi con il loro personale vissuto. E aveva fatto bene anche a quelle che si erano limitate ad ascoltare, creando tra loro un legame più profondo.

D'altronde questa è un'esperienza positiva anche per i bambini. A volte le scuole materne organizzano degli incontri con persone anziane che si raccontano ai bimbi. Grazie a questa opportunità, i bambini non solo vivono un momento di gioia e divertimento nel gruppo con i compagni, ma costruiscono anche relazioni con il mondo esterno attraverso il contatto con persone anziane che raccontano della loro infanzia e della loro vita. Anche per gli anziani questa esperienza è assolutamente positiva, se i bambini li ascoltano con interesse e pongono loro delle domande. Per qualcuno potrebbe essere un'opportunità per lottare contro il senso di solitudine e isolamento. Per i bambini, poi, è bello vedere concretamente come certe persone hanno amministrato bene la propria vita malgrado tutte le avversità. Infatti questo dona loro la speranza di riuscire a fare altrettanto, nella vita che è ancora tutta intatta davanti a loro. Anche qui l'elemento decisivo è la capacità degli anziani di raccontare semplicemente, senza fare di continuo prediche morali agli ascoltatori. Proprio grazie a questo loro modo di raccontare senza secondi fini riescono a toccare il cuore dei bambini e ad incoraggiarli a prendere in mano la loro vita.

## Rituale: *Un'esperienza autunnale*

Ascoltare le persone anziane, ascoltare i loro racconti è simile all'esperienza che possiamo fare nella natura in autunno. Siediti sotto un albero, in autunno, e osserva le foglie dalle mille sfumature. I colori autunnali sono tenui, delicati. Ti invitano a guardare te stesso con uno sguardo altrettanto mite. Ma ci sono anche tinte più forti. Prendi queste tinte come uno specchio, per capire la policromia della tua persona e della tua vita. E poi osserva come le foglie vengono scosse dal vento finché qualcuna, lentamente, cade a terra. Anche questo è un simbolo, per te. Cosa dovrei lasciar andare? Cosa dovrebbe cadere a terra perché dentro di me possa crescere qualcosa di nuovo? In questo cadere, puoi cogliere il simbolo della tua vita. E puoi ripetere un paio di volte, a voce alta, gli ultimi versi della poesia *L'autunno* di Rainer Maria Rilke:

> *Tutti cadiamo. Questa mano, cade. / E guarda gli altri: è così in tutti. / Eppure c'è Qualcuno che nelle sue mani / con infinita tenerezza / questo cadere regge.*

Questi versi ti ricolmeranno di una grande pace, trasmettendoti un senso di serenità mentre lasci andare il tuo passato.

# Dopo il lavoro viene il riposo
# Chiudere e concludere

Dovremmo consapevolmente concederci del tempo prima di iniziare il lavoro – ma anche quando lo terminiamo. Solo assumendo l'atteggiamento corretto possiamo guadagnarci il riposo e avere un giusto rapporto con ciò che abbiamo compiuto.

Molti portano a termine il loro lavoro in maniera scorretta. Per tutto il giorno non fanno che correre da un lavoro all'altro. E quando poi tornano a casa, non chiudono il lavoro fuori dalla porta. In questo modo, però, non aprono nemmeno la porta di casa. C'è chi afferma: "Non riesco mai a riposare veramente. Non riesco a staccare. Quando torno a casa dal lavoro, con la testa continuo sempre a essere sul posto di lavoro. Allora mi metto a fare qualcosa a casa, qualsiasi cosa, ma semplicemente non riesco a staccare".

Quindi c'è chi ha preso l'abitudine di fermarsi due o tre minuti in ufficio alla fine di una giornata di lavoro, per restare seduti e respirare, buttando fuori con l'espirazione tutto quello che è lavoro. Lo fanno consapevolmente, con l'intento di evitare l'inquietudine interiore.

Molti hanno difficoltà a staccarsi con la testa dal lavoro. Ma dovrebbero assolutamente schiarirsi i pensieri. Invece, se continuano a ripetersi che non vogliono più pensare al lavoro, non ottengono il risultato voluto. Il pensiero tornerà di continuo ai problemi che li assillano al lavoro.

Quando si presenta una situazione come questa, è bene concentrarsi sul proprio corpo e compiere un gesto preciso: una volta rientrato a casa, mettiti in piedi davanti a un crocifisso, o davanti a un'immagine sacra, e tendi le mani a coppa davanti a te. Poi offri a Dio tutti i tuoi pensieri inquieti, le tue preoccupazioni, le tue riflessioni, le tue elucubrazioni. Parla così a Dio: "Mi sento impotente contro tutti questi pensieri. Li offro a te. Trasformali tu". Compiendo questo gesto, è importante non cercare di opporsi ai propri pensieri, altrimenti diventeranno solo più forti. I pensieri, l'inquietudine, l'arrovellarsi... ci sta tutto. Ma offrilo a Dio. In questo modo prenderà un'altra direzione. La confusione che hai in testa piano piano si calmerà e troverai la pace. Smetti di lottare contro te stesso e accettati con tutte le tue lacerazioni interiori. Già solo fare così ti renderà meno inquieto. Alcuni utilizzano il tempo del rientro a casa dal lavoro – in autobus, o magari in treno – per leggere il libro che si sono portati dietro per questi momenti. Leggendo si immergono in un altro mondo, un mondo che li fa stare bene e che ricaccia indietro il mondo del lavoro da cui provengono, o lo pongono sotto una luce diversa. Nella lettura ritrovano se stessi. Rientrano in contatto con il loro cuore. E così, quando arrivano a casa, sono di nuovo pienamente se stessi.

Conosco anche persone che tornano intenzionalmente a casa a piedi, anche se ci mettono più di mezz'ora. Camminando si liberano da tutto ciò che li ha oppressi e angustiati nel corso della giornata. Con il pensiero si preparano a ciò che li attende a casa, si preparano all'incontro con la famiglia, con i figli e le loro esigenze, con il partner, con i genitori anziani.

Sta a noi concludere un lavoro. Solo se mi stacco completamente dalla routine lavorativa riesco a dedicarmi totalmente a ciò che mi attende a casa. Concludere il lavoro è in fondo un'azione anche spirituale, come ci mostra uno sguardo alla Bibbia. Lì, infatti, sta scritto qualcosa di molto importante sull'ultimare un lavoro. Nel racconto della creazione a un certo punto si dice che "nel settimo giorno Dio portò a compimento il lavoro che aveva fatto, e nel settimo giorno si riposò" (Gen 2,2). Il lavoro arriva a compimento quando Dio si riposa. Il riposo è necessario per il completamento del lavoro. I Settanta (la traduzione greca dell'Antico Testamento) qui utilizza un termine molto singolare per "completare": *syntelein*. Significa che il lavoro è diventato perfetto solo nel momento in cui Dio lo ha completato riposando. Ma è interessante quel prefisso *syn-*, che significa “con”. Si potrebbe affermare che affinché il lavoro resti in contatto con me, perché continui ad essere il mio lavoro, ci vuole il riposo, durante il quale guardo indietro con gratitudine a tutto ciò che ho fatto.

Se non do compimento al mio lavoro attraverso il riposo, è come se il lavoro stesso mi scivolasse via di mano. Come se non mi appartenesse più. Non è più una mia opera, che posso contemplare con gratitudine davanti a Dio. In questo riposo ha un posto anche lo sguardo di Dio: “Dio vide tutto quello che aveva fatto, ed era cosa molto buona” (Gen 1,31). Qui i Settanta impiegano il termine *kalos*: Dio vide che tutto era molto bello. Diventa bello per me se lo contemplo in tutta tranquillità. Questo è sottolineato anche dalla lingua tedesca, che mette in relazione la parola *schön*, “bello”, sia con *schauen*, “guardare”, sia con *schonen*, “proteggere”. Il mio lavoro giunge a compimento se lo contemplo amorevolmente, scoprendo la bellezza che ne è derivata, e se lo proteggo, me ne prendo cura. Il *syn*, la relazione con la mia opera, non significa possesso, ma esprime la comunione che esiste tra me e il mio lavoro. Siamo fatti l’uno per l’altro. Ma non si tratta di un possesso di cui io mi possa vantare. La Bibbia, infatti ci insegna che il portare a termine un lavoro in fondo è un’azione spirituale. Se ci comportiamo così, il lavoro ci fa bene. E non ci sentiamo come sulla ruota dei criceti, che gira e gira senza mai fermarsi. Il riposo porta a compimento il lavoro e lo rende mio. Sento con gratitudine me stesso e l'opera che è nata grazie alle mie mani.

### Rituale: *Oltrepassare consapevolmente la soglia*

Alla fine della giornata di lavoro è bene chiudere la porta dell'ufficio perché possa aprirsi la porta di casa e noi possiamo varcare la soglia di un nuovo spazio. Chi non chiude la porta del lavoro è come se si trovasse sempre sulla soglia: né di qua, né di là. Ma questo non fa bene all'anima.

Al più tardi quando spingiamo la maniglia della porta di casa, dovremmo immaginare di lasciare fuori il lavoro e che stiamo per entrare in un nuovo spazio, lo spazio della casa e della famiglia. Un tempo, rientrando a casa dal lavoro c'era una specie di rituale da seguire. Sulla soglia di casa c'era un'acquasantiera in cui intingere le dita. Era una sorta di purificazione da tutto ciò che aveva turbato la giornata: conflitti, chiacchiere, dicerie sul lavoro... Si aveva la sensazione di lasciar fuori dalla porta ciò che sporcava la giornata. E si poteva godere dell'intimità della casa, varcandone la soglia con il cuore limpido e purificato.

## Dona del tempo al tuo prossimo Tu per primo sarai più ricco

Portare gioia a un'altra persona è una gioia anche per chi lo fa. Chi dona, a sua volta riceve qualcosa. Molte persone pensano non solo a Natale cosa potrebbero regalare a un altro. Le occasioni non mancano: non c'è solo il Natale, o il compleanno. C'è anche la quotidianità. Non sarebbe un bel regalo donare all'altro semplicemente del tempo? Magari a una persona sola, o al partner, ai figli? Tempo che viene regalato senza buttare sempre l'occhio all'orologio: tempo che conta veramente.

"Le ore che contano veramente non sono quelle che vengono contate", afferma Karlheinz Geißler, che si dedica da anni alla ricerca sul tempo. In questo senso, trascorrere semplicemente del tempo insieme alla mia famiglia è un'abitudine che posso anche imparare. Mi prendo del tempo, consapevolmente, per parlare con mia moglie, con i miei figli, ma senza darlo a vedere. Deve apparire come qualcosa di assolutamente naturale: chiedo ai miei figli come stanno, mi faccio raccontare quello che stanno facendo. In questo modo dimostro loro che mi interesso a loro. Se ad esempio invito mia figlia, o mio figlio, ad accompagnarmi in una lunga passeggiata, camminando vengono spesso fuori dei bei discorsi, anche se magari a casa il nostro rapporto non è dei migliori. Nel libro del profeta Amos sta scritto: “Possono forse due persone camminare insieme senza mettersi d’accordo per via?” (Am 3,3). E la cosa più bella è che se dono del tempo all’altro, mi accorgo che anche a me fa bene evitare di programmare questo tempo. Se semplicemente “spreco” del tempo per le persone che mi stanno a cuore, non guardo di continuo l’orologio. Se mi prendo il tempo che serve – per discorrere, per giocare insieme, per camminare insieme – alla sera mi accorgerò con gratitudine che mi sono avvicinato non soltanto all’altro, ma anche a me stesso. Infatti non ho misurato il tempo come lo misuro per un lavoro che ritengo indispensabile. Ci prendiamo del tempo gli uni per gli altri, e prendendoci cura gli uni degli altri ci prendiamo cura anche di noi stessi.

Anche nella normalissima vita quotidiana possiamo diventare benedizione per l’altro, se gli doniamo del tempo. Luca nel suo vangelo ci propone il racconto meraviglioso dell’incontro tra Maria ed Elisabetta: Maria ha il coraggio di partire, di lasciarsi alle spalle il mondo che le è noto, per mettersi in cammino. Attraversa le montagne: immagine che rimanda alla montagna di pregiudizi e incertezze che ci frenano spesso dall’andare a trovare l'altro. Pensiamo che non abbia tempo. Abbiamo paura che la nostra visita gli risulti sgradita. Eppure Maria si lascia alle spalle tutti questi pregiudizi e impedimenti. Appena entra nella casa di Zaccaria saluta Elisabetta, e il bimbo sussulta nel grembo della cugina. La donna più giovane diventa una benedizione per quella più anziana. Grazie a Maria, Elisabetta entra in contatto con la sua stessa vitalità. E la più anziana benedice la più giovane. È un'immagine molto bella di come possiamo diventare benedizione gli uni per gli altri, se come Maria abbiamo il coraggio di partire e andare a trovare una persona sola.

Come potrebbe ispirarci questo racconto? Cosa potremmo fare? Ecco una proposta che non è legata ad alcuna stagione precisa: proviamo a pensare a chi potremmo andare a trovare. Magari ci viene in mente un vecchio amico che non vediamo da tanto tempo. Oppure pensiamo a una persona della nostra parrocchia che vive sola. Spesso siamo titubanti davanti a questa prospettiva. Pensiamo che magari potrebbe non fargli piacere, o che potrebbe sentirsi in imbarazzo perché vive nel disordine. Oggi come oggi è opportuno annunciarsi prima con un colpo di telefono, invece di presentarsi direttamente alla porta di qualcuno. Può darsi benissimo che all'altro la visita inaspettata non faccia particolarmente piacere. Almeno ci abbiamo provato. Come invece può succedere che questa persona sola sia felice che qualcuno abbia pensato a lei. Non dovremmo enfatizzare la nostra visita, ma semplicemente dire: “Mi piacerebbe venire a trovarti e fare due chiacchiere insieme”. L’altro potrebbe reagire con sorpresa, ma già al telefono riusciamo a capire se la visita gli fa piacere oppure no. Quando poi arriviamo, sicuramente il tempo dedicato alla visita diventa per entrambi un dono, tempo regalato. Forse ascolterò episodi della sua vita, mi sentirò toccare da ciò che l’altro mi racconta.

E alla luce di quello che ha imparato, anch’io vedrò con occhi diversi me stesso e la mia vita. E così farò ritorno a casa avendo ricevuto anch’io qualcosa.

## Rituale: *Prenditi del tempo e donalo agli altri*

Inizia questo rituale regalando del tempo a te stesso. Mettiti seduto e regalati il tempo che vuoi per startene lì seduto, semplicemente, magari leggendo un libro o ascoltando ciò che hai nel cuore. È un tempo senza obiettivi precisi. Non devi ricavarne nulla. Limitati ad essere lì, presente. Se regali del tempo a te stesso, capirai meglio cosa vorrebbe dire regalare del tempo a qualcuno. Prova a pensare a una persona a cui farebbe bene passare del tempo con te. E poi rifletti su come potresti fare. La cosa migliore sarebbe telefonarle subito. Oppure fissare un momento in cui chiamarla. Poi le spieghi che ti piacerebbe passare a trovarla, e le chiedi se per lei va bene. Anche se l'altra persona dovesse esitare, incerta se accettare la tua proposta. Almeno sarai soddisfatto di te stesso per averci provato. Hai superato le tue titubanze personali, cercando il contatto con l'altro.

# Gioca con un bambino
# Immergiti nel suo mondo

Tanti papà arrivano a casa la sera stanchi ed esausti. E spesso i figli sono lì che li aspettano con impazienza, ansiosi di giocare con loro. Le esperienze riferite da questi papà sono sempre positive. Il più delle volte, dopo aver giocato con i figli, si sentono persino più rinvigoriti che non se avessero fatto mezz'ora di relax assoluto, magari dormendo o sonnecchiando. I bambini si abbandonano totalmente al gioco. Per loro, giocare è fonte di gioia, ed esprimono questa gioia saltando e ridendo. È una gioia contagiosa.

È significativo ciò che mi disse un giorno un papà: "A volte ho l'impressione di desiderare solo pace e tranquillità, perché mi sento stanchissimo, esausto. Poi però mi metto a giocare con i miei figli, e mi accorgo che per me non è faticoso, anzi, mi serve per rilassarmi. Dipende sempre dallo stato d'animo con cui gioco. Se lo sento solo come un dovere da compiere per mettere a tacere i miei sensi di colpa nei confronti dei figli, allora sarà solo un peso. Ma se penso che mi fa bene dedicarmi ai miei figli dopo una giornata di lavoro in cui sono costantemente sotto pressione, se riesco ad immergermi completamente nel loro mondo, nel mondo giocoso dei bambini in cui non ci sono obiettivi precisi da raggiungere, allora per me diventa una meravigliosa occasione di relax. Riesco a entrare in contatto con il bambino che è in me. E questo bambino interiore è sempre fonte di ispirazione e creatività, di libertà e leggerezza".

Perché giocare fa bene? Cosa rende così rilassante giocare con i bambini? Innanzitutto finiscono per contagiarti con le loro idee sempre nuove. È una creatività che fa bene soprattutto se al lavoro dobbiamo sempre pensare e argomentare con razionalità. Giocando, riesco a dimenticare me stesso e le mie preoccupazioni. Mi abbandono al gioco e così facendo ritrovo il contatto con l'aspetto giocoso e leggero che è in me. E questo mi fa senz'altro bene. Mi rende interiormente più leggero, più sciolto. E poi giocare regala tanta gioia. Percepisco dentro di me una gioia primordiale, ritrovo il contatto con il bambino che è in me. E questo bambino è per me fonte di rinnovamento interiore, mi fa sentire rinvigorito. Mi dona la leggerezza dell'essere. E se riesco a prendere la vita con più leggerezza, anche al lavoro andrà meglio. Magari riuscirò a portare un pizzico di questa giocosità anche nel mio lavoro. Si allenterà un po' della pressione da cui mi sento oppresso e anche il mio operato se ne avvantaggerà.

Quindi giocare con un bambino ci riporta in contatto con il bambino che è dentro di noi. In lui scorgiamo freschezza e genuinità. Non ha ancora dovuto adeguarsi alle nostre aspettative. Vive spensierato, anche se dipende dal nostro amore e dalla nostra cura. Quando tornavo a casa durante le vacanze, amavo prendere in braccio i figli dei miei fratelli. Per tanti è la stessa cosa. Quando prendono in braccio un bimbo, sono assolutamente affascinati da questa creatura, che si abbandona completamente e risponde con gratitudine ad ogni sorriso che gli viene rivolto. Prendendo in braccio un bimbo, ritrovo anche il contatto con il bambino che è dentro di me. Percepisco la tenerezza che provo io e la libertà e leggerezza del bimbo. E contemplo con stupore questa creatura unica e straordinaria, che non assomiglia a nessun altro e che già a un anno esprime la sua personalità.

### Rituale: *Riscopri il bimbo che è dentro di te*

Mettiti comodamente seduto e chiudi gli occhi. Quindi cerca di riportare alla memoria come giocavi quando eri piccolo, che giochi facevi. Quali erano i giochi che ti impegnavano per ore senza stancarti mai? Cosa ti entusiasmava e appassionava di più? Ma non fermarti al semplice ricordo: prova a capire cos'era ad affascinarti così. Che significato ha oggi per me questo gioco che mi stava così a cuore? Che cosa significa per il mio agire quotidiano? Pensa al tuo gioco come all'immagine di ciò che la tua anima voleva rappresentare allora. Forse potrai portarla con te come immagine interiore in tutto ciò che farai oggi. Se ad esempio nel tuo gioco ti sei costruito un mondo tutto tuo, prova a pensare che in tutto ciò che fai oggi – in famiglia, in quanto papà o mamma; nel tuo lavoro – edifichi sempre attorno a te un mondo tutto tuo. Oppure, se ti piaceva giocare con il trenino, pensa a cosa ti piacerebbe muovere oggi, quali binari della tua vita potresti collegare insieme. Se giocavi con le bambole, cerca di capire che cosa rappresentavi e come potresti ricreare oggi, con le persone che incontri, il mondo che avevi in mente allora. Se ritrovi il contatto con le immagini che animavano il tuo giocare di un tempo, forse percepirai dentro di te un nuovo slancio di energia. Questo sono davvero io, ti verrà da pensare. Questo è il mio personale modo di vivere, di lavorare, di far muovere qualcosa in questo mondo. Sentirai dentro di te una fonte di gioia, di energia, dalla quale potrai sempre attingere per il tuo lavoro e per la tua vita.

# Si può guardare la tv anche in modo diverso
# Un nuovo sguardo sul nostro mondo

Guardare la tv per molti fa parte della routine quotidiana. Nella fascia di età degli ultracinquantenni, in Germania la media è di più di cinque ore di televisione al giorno (318 minuti). Molte persone filtrano il mondo esterno attraverso questo strumento, e tanti fanno ruotare attorno ad esso la loro giornata. Per me è diverso: guardare la tivù non rientra nei miei rituali quotidiani. Solo quando sono in vacanza guardo spesso i notiziari in televisione. E mi rendo conto che un conto è leggere sul giornale le dichiarazioni di un politico, o la cronaca di un disastro che è successo, e un conto è vedere le persone.

Quando ascolto in tivù le persone che parlano, le osservo con attenzione, cerco di capire che sensazione mi trasmettono. Non mi limito ad ascoltare le parole, ma cerco anche di capire la persona che vedo, di sentire se posso fidarmi oppure no. E quando sullo schermo passano le immagini di un disastro, o di conflitti bellici, ne vengo toccato profondamente. Non riesco a non sentire la sofferenza delle persone duramente provate. Ma conosco anche persone talmente schiacciate da tutte le immagini di sofferenza trasmesse dalla televisione, da non riuscire più a sopportarne la vista. Per questo, secondo me, è importante imparare a guardare la tv anche spiritualmente. Ma concretamente cosa significa questo?

Spiritualmente per me significa che contemplo ciò che vedo nello spirito di Gesù. E lo spirito di Gesù è spirito di misericordia, che non giudica. Così cerco di osservare le persone senza giudicarle. Lo spirito di misericordia è caratterizzato anche da compassione ed empatia. E dunque cerco di mettermi nei panni di quanti soffrono per l'orrore della guerra o sono stati vittime di una catastrofe. Ma questa partecipazione emotiva non deve arrivare al punto da non riuscire più a vivere bene io stesso. Dunque accanto alla compassione deve collocarsi sempre anche la preghiera. Con la preghiera, affido a Dio le persone che stanno soffrendo. E non è certo un alibi per un mio scarso impegno. Ma non posso impegnarmi personalmente per ogni persona di cui vedo la sofferenza in tv.

La preghiera trasforma la mia impotenza, l'impossibilità di aiutare in prima persona, nella certezza che Dio non lascia da sole queste persone, non le abbandona alla loro sofferenza, ma ne ascolta il grido. La preghiera rafforza la speranza che questo mondo, malgrado tutte le ingiustizie e le malvagità, è nelle mani di Dio, che non lo lascerà mai cadere. E così la televisione può diventare un invito a pregare per tutte le persone che mi hanno mosso a compassione. Le affido alla benedizione di Dio e confido nel fatto che Dio per queste persone trasformerà la sofferenza in benedizione. E dopo aver spento la televisione potrò invocare su me stesso e su tutte le persone che ho visto soffrire la benedizione e la protezione di Dio. E in questa invocazione sentirò forte il legame che mi unisce a loro, senza per questo sentirmi schiacciato dalla loro condizione.

### Rituale: *Il notiziario – rendilo diverso*

Fai diventare un rituale l'abitudine di guardare il telegiornale. Quando compare un politico e fa le sue dichiarazioni, evita di giudicarlo, di essere pro o contro, piuttosto prega per lui: "Signore, benedicilo, donagli la saggezza, affinché le sue decisioni diventino benedizione per le persone". Quando sullo schermo scorrono le immagini di catastrofi, guerre, atti di terrorismo, prega per le persone: "Signore, stendi la tua mano protettiva su queste persone. Dona loro l'angelo della speranza, che non abbandona mai nessuno". Rispondi a ogni notizia con una preghiera. E alla fine, quando arriveranno le previsioni del meteo, prega perché le persone possano accettare la pioggia o il sole, e perché possano iniziare con gioia e fiducia il giorno che verrà.

# Cerca la compagnia degli animali, è molto stimolante

Gli animali ci dimostrano un'autentica gioia di vivere. Forse è questo il motivo per cui il maestro buddista Suzuki Roshi affermava che davanti ai cani e ai gatti dovremmo proprio inchinarci, non solo come dimostrazione di stima ed espressione di empatia, ma anche perché da questi animali possiamo imparare qualcosa che può farci bene: essi ci mostrano e ci insegnano la gioia di vivere.

Non è un caso che in Germania, durante la pandemia da Coronavirus, ci sia stata una maggiore richiesta di adottare animali dai vari rifugi per animali. Solo a Berlino il canile degli animali randagi ha ricevuto ben 500 richieste in un unico fine settimana. Gli animali erano richiesti come compagnia per vincere la solitudine, come amici in un periodo tanto difficile. Gli animali sono i nostri compagni, sono stati creati con noi, sono dotati di un'anima – e quindi sono destinatari privilegiati del nostro affetto nella vita di ogni giorno.

Condividere la gioia di vivere degli animali aiuta anche noi a vivere meglio. Comunicare con gli animali arricchisce la nostra vita di tutti i giorni, e sperimentare la comunione con queste creature così piene di vitalità può portare non solo sorpresa nella nostra vita, ma anche – a seconda della situazione – gioia, conforto e sostegno. Nella scuola che abbiamo al convento, per esempio, abbiamo accolto tra le specialità sportive anche il volteggio sul cavallo. È una specialità molto amata soprattutto dalle ragazze. Ma le nostre insegnanti di equitazione offrono anche ai ragazzi disabili sessioni di ippoterapia. Si rendono conto continuamente di quanto faccia bene ai bambini stare seduti su un cavallo, entrare in contatto con questo animale. Io stesso ho una nipote disabile. Ogni volta che riesce a venire a trovarmi per un fine settimana con sua madre – la mia sorella più giovane – per andare a cavallo, appare come trasformata. E sento anche di tante altre persone per le quali il cavallo è importantissimo per sentirsi bene. Per loro il cavallo è una sorta di terapeuta.

Altre persone si prendono un cane. Soprattutto per coloro che vivono soli è bello sapere che il cane è a casa che li aspetta. Percepisce di che umore sono. E li costringe a uscire di casa. E proprio per chi soffre di depressione può essere una vera sfida tirarsi su e fare una passeggiata all'aperto con il cane, malgrado l'apatia causata dalla depressione. Una donna sofferente di diabete mi ha raccontato di quanto fosse grata al suo cagnetto, che non solo è una compagnia costante per lei, anche mentre lavora, ma addirittura le sta accanto quando è in ipoglicemia. Per lei è una fonte di energia, ma anche un conforto nella sua malattia. Senza il suo cagnetto si sarebbe già lasciata andare più di una volta. Ma lui la incoraggia a continuare a lavorare malgrado i dolori cronici, diventando una benedizione.

Oggi in molte case di riposo sono stati introdotti cani che fanno compagnia agli ospiti e si lasciano accarezzare da loro. È una pratica senz'altro benefica, perché gli ospiti non si sentono più soli e isolati. Il cane li riconosce e li saluta. È una creatura che li fa sentire accettati. Altri si prendono un gatto, perché ne apprezzano la vitalità indomabile. Altri preferiscono la compagnia dei canarini per portare vitalità e gioia in casa. Tutti hanno le proprie preferenze. Da sempre esiste l'abitudine di tenere animali domestici. Evidentemente gli uomini hanno sempre sentito che la convivenza tra persone e animali può risultare benefica per entrambi. Si completano a vicenda e diventano fonte di energia l'uno per l'altro. Gli animali non sono capaci di fingere, esprimono chiaramente ciò che vogliono e ciò che non vogliono. E percepiscono l'umore delle persone. Esiste una specie di risonanza tra uomini e animali, come dimostrano numerose esperienze: "Mio marito mi ha lasciata, i figli sono usciti di casa. Da allora, il gatto è il mio amico più fidato. Si accorge subito quando sto male, arriva a farmi le fusa, mi si strofina sulle gambe e viene in braccio a farsi coccolare. A furia di farmi le fusa mi fa passare ogni preoccupazione".

Numerosi studi dimostrano che gli animali aiutano le persone ad aprirsi, le rendono più morbide, hanno un sesto senso per i bisogni del "loro" padrone. Le terapie con i bambini disabili mostrano con quanta delicatezza reagiscano i cavalli, i cani e i gatti – e come a loro volta gli animali aiutino i bambini ad essere più aperti e ricettivi. La stessa cosa succede anche nelle case di riposo: quando arriva un cane, l'umore generale si risolleva immediatamente. Gli animali ravvivano l'atmosfera e risvegliano capacità che si credevano da tempo perdute.

## Rituale: *Parla con il tuo animale*

Prenditi il tempo per parlare 20 minuti col tuo cane, o col tuo gatto. Raccontagli tutto quello che ti viene in mente. Raccontagli quello che ti fa stare bene, delle belle esperienze che hai fatto e per le quali provi gratitudine. Ma raccontagli anche ciò che ti rende triste. E nel farlo, guarda negli occhi il cane, o il gatto: cerca il suo contatto visivo. E osserva le sue reazioni, se reagisce in modo diverso a seconda che tu gli racconti belle esperienze oppure le tue preoccupazioni, le tue paure, le tue sofferenze. E quando hai finito di parlargli, prendilo in braccio o accarezzalo. Potrai vedere dalle sue reazioni se magari ha compreso qualcosa di ciò che gli hai raccontato. Forse il contatto non verbale saprà trasmetterti qualcosa.

## Ascolta la musica con grande concentrazione completamente immerso nel suono

Per me è fonte di energia stendermi sul letto la sera e ascoltare musica con le cuffie sulle orecchie. Scelgo ogni volta la musica che mi ispira e che corrisponde al mio stato d'animo del momento. Lascio che la musica mi pervada completamente. E in quel momento io sono nella musica, e la musica è in me. Penetra il mio corpo e la mia anima. Non soltanto la ascolto, ma la faccio risuonare in me. Mi riempie completamente. Non c'è più nessuna separazione tra la musica e la mia anima, che diventano una cosa sola. Per me si tratta di un'esperienza spirituale molto profonda. Quando mi abbandono completamente alla musica, non solo arrivo alla pace totale. Ho anche l'impressione che la musica mi conduca alla sorgente interiore della mia anima, che faccia zampillare le mie sorgenti interiori.

Per me è verissimo ciò che ha affermato un giorno il filosofo Martin Heidegger a proposito dell'ascolto: l'ascolto induce a sentirsi protetti, al sicuro. Mentre ascolto mi sento protetto, sostenuto. Sento il legame con il compositore, con i musicisti, con chi canta. Mi sento partecipe della loro esperienza, del loro anelito, del loro amore, di tutto ciò che esprimono attraverso il canto. Poiché in fondo tutta la musica esprime qualcosa del mistero dell'amore. La musica è amore che diventa ascoltabile. E questo è vero soprattutto per la musica di Wolfgang Amadeus Mozart. Anche nelle arie delle opere laiche che parlano di amore risuona qualcosa del mistero dell'amore. In fin dei conti è l'amore divino che ci sfiora nell'amore umano.

Quando ascolto le cantate di Bach o le messe di Mozart riesco a percepire che ogni cantante non si limita a riprodurre semplicemente la musica, ma canta con la sua voce personale. Nel modo in cui canta, nella sua voce, si riesce a cogliere la sua esperienza delle parole. E per me diventa possibile essere partecipe di ciò che la musica e le parole hanno suscitato nel cuore di chi canta. Così il mio cuore trova la pace. Il filosofo Hans-Georg Gadamer ritiene che l'ascolto comporti sempre anche comprensione e trasporto interiore. Quando ascolto della musica, mi lascio trascinare da essa. La musica crea sintonia tra me e i musicisti, mi rende partecipe della loro esperienza. Ne esco arricchito, e questo mi dona nuova energia per affrontare la vita di ogni giorno.

### Rituale: *Ascoltare significa mettere le ali all'anima*

Una volta alla settimana regalati una mezz'ora di tempo per ascoltare musica. Domandati quale musica avresti voglia di ascoltare. Prova ad ascoltarti, per capire quale tipo di musica vorrebbe ascoltare oggi il tuo cuore, quale musica ti farebbe bene ascoltare. E poi falla partire. Cerca il luogo adatto dove ascoltarla. Puoi stare tranquillamente seduto in poltrona e riempire di musica tutta la stanza. Oppure puoi metterti le cuffie e ascoltare comodamente seduto o sdraiato. Dovresti riuscire ad abbandonarti completamente alla musica, escludendo tutte le fonti di disturbo – come ad esempio il telefono – e concederti tutto il tempo necessario per ascoltare fino in fondo la musica che hai scelto. Non preoccuparti di giudicare se l'orchestra sta suonando bene e se i cantanti sono abbastanza intonati. Lascia semplicemente che la musica ti sommerga e cerca di sentire che effetto fa alla tua anima. Ti senti stimolato? Il tuo cuore si allarga? Prende un gusto diverso? La musica ti fa entrare in contatto con il tuo desiderio più profondo, con il tuo desiderio di felicità, di amore, di sicurezza affettiva, con il tuo desiderio di Dio?

# Gratitudine
# Un atteggiamento che trasforma il tuo sguardo

David Steindl-Rast, monaco benedettino austriaco, ha posto la gratitudine al centro della sua spiritualità. "La gratitudine – afferma – unisce ciò che è lacerato. Risana la relazione con gli altri, la relazione tra l'Io e il Sé, e la relazione con il divino, con la realtà ultima". E chiarisce che cosa comporta questo per noi: "Io non sono grato perché sono felice, ma sono felice perché sono grato".

Non dobbiamo costringerci alla gratitudine. Basta solo un nuovo modo di vedere ciò che ci accade. La gratitudine non è un sentimento riservato a occasioni speciali o straordinarie. Ogni giorno possiamo provare gratitudine per tante cose: per la salute, per la famiglia, per gli amici, per il nostro lavoro, per gli incontri e gli scambi che abbiamo avuto, per gli sguardi di amicizia che ci siamo scambiati, per la bellezza della natura.

Essere grati non significa solo essere in sintonia con la mia vita, con chi sono diventato. Significa anche essere in accordo con la giornata così come l'ho vissuta. Significa sentire una profonda pace interiore, capire che va tutto bene così com'è. Ma anche quando la giornata non è andata particolarmente bene è importante provare gratitudine. Albert Schweitzer ritiene che proprio quando le cose non ci vanno particolarmente bene è importante cercare qualcosa di cui poter essere grati. Sicuramente qualcosa troveremo. Dire grazie trasforma i nostri sentimenti negativi facendoci sentire contenti.

Un buon metodo per trasformare l'umore della nostra vita attraverso la gratitudine potrebbe essere tenere un diario del grazie. Ogni sera potrei dedicare un breve momento a ripensare alla mia giornata, scrivendo in un quaderno per cosa posso essere grato oggi. Magari finirò per scoprire di provare gratitudine non soltanto per i bei momenti, ma anche per le esperienze dolorose che mi hanno strappato dalla superficialità della vita quotidiana. Se fin dal mattino mi riprometto di essere grato per tutto ciò che mi capiterà nella giornata, vivrò con maggior consapevolezza, e la sera mi sentirò già notevolmente più felice. E se poi la sera ripenserò alla giornata appena trascorsa indossando gli occhiali della gratitudine, mi accorgerò di quante sono le cose che vale la pena ricordare. Lo sguardo della gratitudine mi farà vedere la giornata sotto una nuova luce. E mi farà bene. Non vivrò più la giornata come un peso, ma come fonte di gioia e contentezza. La gratitudine mi libera dalla sensazione di inutilità e vuoto che altrimenti ogni sera rischierebbe di abbattermi. Mi ricolma di energia nuova. Allora posso abbandonarmi con gratitudine all'abbraccio di Dio, certo di potermi alzare il giorno dopo con energia rinnovata.

### Rituale: *Ritagliarsi ogni sera un momento per guardarsi indietro*

Prova almeno una volta questo rituale, per un paio di settimane: tieni un diario in cui ogni sera riporti i motivi per cui essere grato oggi. Se non sei portato per scrivere un diario, allora ogni sera porgi le tue mani a Dio offrendogli la giornata appena trascorsa. E contempla con gratitudine ciò che Dio oggi ti ha messo nelle mani: un piacevole incontro, lo sguardo gentile della cassiera al supermercato, il bel tempo, il lavoro che hai portato a termine con successo. E offri con gratitudine tutte le persone per le quali vorresti ringraziare: la tua famiglia, i tuoi amici, le persone che ti vogliono bene e che fanno il tifo per te. E ringrazia per la tua salute. Dopotutto sei arrivato alla fine di questa giornata. Sia che tu scriva il diario, sia che offri a Dio la tua giornata, il sentimento della gratitudine ti trasmetterà una buona sensazione.

# Concludi la tua giornata consapevolmente e dormi bene!

Nei vari colloqui sento spesso le persone affermare che non sono soddisfatte di come concludono la giornata. Alcuni se ne stanno seduti davanti alla tivù finché prendono sonno. A un certo punto si svegliano e allora arrancano verso il letto, cercando di riprendere il sonno interrotto. Altri sbrigano di sera tante piccole faccende e finiscono per andare a letto troppo tardi, comunque insoddisfatti pur avendo fatto qualcosa di importante. Altri ancora vanno a letto, ma poi iniziano a rimuginare e rivedono con sguardo critico tutto quello che hanno fatto nel corso della giornata. "Avrei dovuto decidere in modo diverso. Avrei dovuto essere più comprensivo e attento quando ho parlato con mio figlio, con mia figlia! Avrei dovuto essere più concentrato sul lavoro, allora non avrei commesso quello sbaglio..."

Invece sarebbe opportuno concludere la giornata con un buon rituale. I rituali chiudono una porta e ne aprono un'altra. Il rituale della sera serve a chiudere la porta della giornata per aprire la porta della notte e permettermi di dormire bene. Un buon rituale potrebbe essere quello di tendere le mani a coppa davanti a sé, offrendo a Dio la giornata con tutto quello che è successo e che mi viene in mente. Io però non giudico ciò che è stato, che ormai è passato. Non posso cambiare ciò che è stato. Lo offro a Dio e confido che Dio trasformi in benedizione il passato. Dio può trasformare in benedizione anche il colloquio che non è andato particolarmente bene. Può trasformare in benedizione una decisione presa in maniera troppo affrettata. E quindi affido a Dio la mia giornata, certo che trasformerà ogni cosa in benedizione. Solo allora potrò abbandonarmi in pace all'abbraccio amorevole di Dio.

Può essere che allora, durante questo rituale, mi venga in mente improvvisamente come fare per rimediare domani a qualcosa di sbagliato che ho fatto oggi. Ma è un pensiero che non mi toglie la pace. Al contrario, sono contento di immaginare che domani potrò incontrare quella tale persona. Ma questo pensiero non mi tormenterà per tutta la notte. Anzi, mi addormento con la certezza che Dio benedirà il nostro incontro. Se domani intraprenderò qualcosa sotto la benedizione di Dio, sono certo che avrà successo e che non mi costerà fatica. Grazie a questo rituale, non mi sentirò la coscienza sporca e anzi ne risulterà stimolata la mia creatività, cosicché affronterò il domani con la voglia di fare qualcosa. Ma se è domani che dovrò affrontare un certo compito, non serve che ci rimugini su tutta la notte. Lo affido alla benedizione di Dio e mi abbandono al suo abbraccio amorevole, sentendomi rasserenato e pronto per dormire.

### **Rituale:** ***Una conclusione che rende possibile un nuovo inizio***

Alla conclusione di ogni giornata posso provare a immaginare che sia l'ultima. E questo per me significa che concludo il giorno come se fosse l'ultimo della mia vita. Affido tutto alle mani amorevoli di Dio: questo giorno, me stesso, tutte le persone che mi sono care e tutta la mia vita. Concludere in questo modo la giornata mi rende possibile al tempo stesso un nuovo inizio. Mi fa sentire che devo staccarmi ogni volta da tutto per affidarmi all'abbraccio di Dio. La notte mi fa venire in mente il sonno della morte. E ogni mattina vivo la risurrezione a una nuova vita che Dio mi concede.

# Conclusione

Abbiamo visto insieme tante opportunità per trasformare la tua vita, per evitare lo stress, per combattere attivamente il senso di oppressione e di scoraggiamento. Nessuno è in grado di tradurre subito in pratica tutte le mie proposte. Io stesso non ci riesco, e a volte devo costringermi a fare anche uno solo di questi esercizi. Mi accorgo che a volte preferisco lamentarmi di un problema invece di affrontarlo e trovare una soluzione. Tutti gli esercizi e i rituali che ho proposto nelle pagine di questo libro sono degli inviti a prendere in mano la tua vita.

"Ognuno è artefice della propria fortuna", afferma un proverbio. In tedesco questo proverbio suona pressappoco così: "Ciascuno è il fabbro della propria felicità": il fabbro forgia il ferro fino a ottenere la forma voluta. Ma il fabbro non si limita a battere il ferro sull'incudine: deve anche sapere quale forma desidera dare al ferro. Ci vogliono le due cose: l'azione concreta che trasforma la nostra vita, e un nuovo approccio nei confronti della vita. Gli esercizi e i rituali che propongo intendono trasformare il nostro atteggiamento. Vogliono liberarci dal senso di impotenza che molti provano nei confronti della vita. E vogliono liberarci dall'illusione in cui abbiamo immerso la nostra vita, come se dipendesse dagli altri renderci felici o come se toccasse a Dio garantire la nostra felicità. Dio ci ha donato le mani affinché siamo noi stessi a prendere in mano la nostra vita. Ci ha donato delle capacità perché grazie ad esse forgiamo la nostra vita e ne ricaviamo felicità e soddisfazione.

Questo libro presuppone una concezione ottimista dell'uomo. Ogni uomo ha in sé un nucleo buono. E a ognuno di noi Dio ha donato la saggezza del cuore. Nel profondo del nostro cuore noi sappiamo che cosa è bene per noi. Spesso, però, non teniamo conto di questa saggezza del cuore perché siamo confusi dai tanti consigli e dalle tante teorie riguardanti la vita umana. Scopo di questo libro è quindi recuperare il contatto con la saggezza del nostro cuore. Lungi da me il voler impartire lezioni o il forzare qualcuno a seguire una certa strada. Desidero solo incoraggiare ognuno ad aver fiducia nel proprio cuore e a fare ciò che sente che gli fa bene. Alcuni esercizi, all'inizio, non saranno particolarmente gradevoli. A volte dovrò costringermi a metterli in pratica. Eppure, quando mi deciderò a farli, saranno proprio questi esercizi a divertirmi di più. E dentro di me sento che mi rendono più felice e contento.

Vorrei descrivere con le parole di san Benedetto l'obiettivo di questi esercizi: alla fine del lungo prologo alla sua regola, egli esprime il desiderio di costituire una scuola di servizio per il Signore. A qualcuno questo potrà sembrare inizialmente gravoso, e sarà tentato di lasciar perdere, adducendo come pretesto che non ne ha voglia o che è troppo difficile per lui. All'inizio la strada – afferma Benedetto – è sempre stretta e dura. Ma a chi procede su questa strada "il cuore si dilata e percorre la via dei divini precetti nell'indicibile soavità dell'amore" (RB, Prologo 49). E allora anch'io ti auguro che il cuore ti si dilati mentre leggi e mentre metti in pratica gli esercizi proposti, e che sperimenti la felicità dell'amore. L'espressione latina *inenarrabili dilectionis dulcedine* potrebbe però essere tradotta anche così: che tu percorra la tua strada "nella dolcezza inesprimibile dell'amore". Che attraverso questi esercizi la tua vita acquisti un nuovo sapore: il sapore dolce e gradevole dell'amore. E che il tuo cuore si dilati, affinché tu possa procedere sulla tua strada in pace e in libertà.

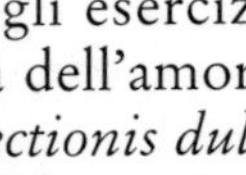

# Indice